中国による平和

新たなるパックス・シニカへ向けて

中国人民大学教授
李 景治 著

日中翻訳学院
林 永健 訳

日本僑報社

目次

第一章　「平和的発展」「和諧世界」とは何か

平和的発展の追求と和諧（調和のとれた）世界構築への努力は、新中国成立以来の平和外交理念に淵源があり、さらに近年の国際情勢下で発展してきた重要原則および価値理念を表している。というのも、平和を維持しつつ発展を進めていくことはすでに不可逆的な時代の潮流となっており、進展する経済のグローバル化と世界政治構造の多極化というトレンドはいよいよ顕著になっているからである。経済の急成長、国力の日進月歩の充実、国際的地位の向上、国際的な影響力の着実な拡大、国際環境なかんずく周辺環境のたえまない改善、これらすべてが平和的発展を追求し、和諧世界を構築してゆくための土台となっている。またその歴史的意義は、中国の外交政策上の重要な指針となるだけではなく、いわゆる国際関係理論そのものにも重大なインパクトをもたらすものである。

一、「平和的発展」と「和諧世界」論の提起

平和的発展の追求と和諧世界構築への努力は、「なさねばならぬこと」であり、そして実際に「なしえること」である。中国が平和裏に発展することは時代的要請であり、そうであってはじめて中国と世界各国がともに手を携えて発展し、互恵的なウィンウィンの関係を築くことができるのである。同時に、世界の変化と中国自身の発展もこの「平和的発展」の実現を後押ししているが、この新たなる構想の全

貌がいよいよ明らかになってきているといえよう。

1.「平和的発展」と「和諧世界」論をめぐる外的環境

冷戦終結後、「平和」と「発展」という2大テーマが浮き彫りになってきた。社会主義陣営と資本主義陣営の対立という「二極構造」が崩壊したことで、一触即発的な状況からは大きく遠のき、「大国間での直接的な衝突の可能性は大きく減じた[1]」。国際関係は激しい対立から平和と協調へと方向を変え、より穏やかで安定した傾向を強くしてきた。さらに、国家間協力への意欲はかつてないほど高まり、「戦争によって得られる利益より、戦争によって引き起こされる問題のほうが益々大きくなり、とりわけ大国間の戦争による国益においてそれが顕著にあらわれている[2]」のである。平和で安定した国際環境の下、各国では経済の発展がいまほど求められている時はないといえよう。

加速しつつある経済のグローバル化は各国の経済発展にとって貴重な機会となっている。世界市場の形成により製品、マネー、サービスおよび人の国境を越えた自由な移動と、世界規模での資源の配置が極大化した。世界規模での貿易がこれまでになく発展し、世界経済も開放の度合いを増している。同時に生産面で国際的分業体制はいよいよ細分化し、多国籍企業の数も増えている。通信とＩＴ分野の発展は国家間の政治と経済のリンケージをさらに緊密化させ、文化と社会の交流は拡大しつつある。こうした状況下では、各国の生産、貿易などのセクター間の緊密な連携や国家間の相互依存の高まりにより、それぞれの感受性とともに脆弱性も特に顕著になっている。各国の利益は交錯し、「世界全体での富の総量は上昇しており、それが国家間衝突への大きな歯止めになっている[3]」。このため、衝突と対立よりも経済協力と共通の利益の確保が求められ、同様に国家間競争の舞台は軍拡でなく経済と科学技術を柱とした競争に変わったのである。

その上、グローバル化に伴い、現代世界が直面するグローバルな問題、例えば環境問題、エイズなどの人類の生存をも脅かすような重大な問題が顕著になってきた。唯一の超大国である米国ですら一国では解決できないため、各国の協力しか道はない。それゆえ、経済のグローバル化は世界各国にとって経済発展の絶好の機会であるだけでなく、それ以上に国家間協力の拡大を後押しするものだ。

21世紀は明らかに平和と発展の時代である。これは、冷戦構造の崩壊によりもたらされた国際システムの動揺が徐々に落ち着きを取り戻し、パワーバランスも再編成され、国際政治が多極化して安定し、世界および各地域の平和と安定が国際社会の共通認識となったことによる。とともに国際政治経済および安全保障などの分野における世界的・地域的規模の枠組みがさらに強化されたことで、世界の安定と発展に寄与している。国際連合は世界最大の政府間国際組織として、紛争解決やグローバルな問題への対応および発展途上国への支援などで目覚ましい成果を上げている。ＥＵは通貨統合、共通の外交・安全保障政策等の時代を先取りした果断により世界で最も統合の進んだ地域組織となり、その平和的な発展モデルは大国間そして国家間機構の今後のためにも絶好のモデルとなった。さらに、その他の国際協力枠組み、例えばアジア太平洋経済協力（ＡＰＥＣ）、北米自由貿易協定（ＮＡＦＴＡ）、東南アジア諸国連合（ＡＳＥＡＮ）、そしてアフリカ連合（ＡＵ）などの設立とその道筋は、地域の平和と発展に大きく寄与した。特に中国による上海協力機構（SCO）の拡充、ASEANプラス3（中日韓）およびASEAN地域フォーラム（ARF）はアジアの繁栄と安定の鍵となり、中国経済の発展にとっても好ましい外的環境として機能したことから、こうした国際的・地域的枠組みが「中国の平和的台頭における重要なプラットフォーム」(4)となった。

すなわち「平和を希求し、発展を図り、協力を進めていくことは、不可逆的な時代の潮流」になった(5)。こうした文脈を背景に、中国の平和的発展と和諧世界の構築といった外交理念が形づくられてきたが、近代史における植民地主義や覇権循環論といった考え方を根本から覆すものであり、現代の国際的価値体系に適応した、いわば必然的な選択といえよう。近代史とりわけ第二次世界大戦の終りまで国際関係は弱肉強食の「パワー・ポリティクス」であり、そこでは植民地を拡げ、戦争を遂行することが国富を蓄積し、外交目的を達するための合法的な政策手段であったことから、当時の列強は国力を充実させて自らの勢力を拡張しようと図ったのである。現代ではもはやこうしたやり方は通用せず、平和的な台頭すなわち自国が平和的な成長を遂げているという姿によらなければ対外的な「信頼」を獲得できないのである。そのために中国は、平和的発展と和諧世界の構築を打ち出し、時代の要請に応えていることから、現在の国際的価値原則にも合致している。まさに中国の台頭の成功は必然といえよう。

中国の安全保障および世論を取り巻く状況については、冷戦終結以降、特に現段階に至ってはじめて大幅に改善し、平和的発展のための環境が一応は整った。第一に、主要国との関係は良好な状態を維持しており、パートナー関係の樹立と、さまざまなレベルでの協議・協力体制の構築は両者の速やかな連携を確かにすると同時に、各分野での協力をよりスムーズに進めていくのに役立つ。中国と現在の覇権国である米国との共通の利益は絶えず増えており、「9・11」以降、両国間協力が急速に増したほか、米国が長期にわたって対テロおよび核不拡散などの重大な安全保障対策に注力し続けている結果、「長期的に見て中国は通常の意味でもライバルではないし、ましてや主要なライバルではない(6)」とされたことは中国の発展に好都合であった。第二に、近隣諸国との関係においては、改善のきざしがあられ、良好な関係にむかっており、「棚上げして、共同開発を行う」との基本方針により、未解決であった国境問題が鎮静化した。地域経済および安全保障枠組みへの幅広いコミットメントと貢献によって近隣諸国の中国に対する認識が深まり、経済および安全保障協力の絶えざる拡大にも成果があらわれている。こうした中国をめぐる国際環境の改善も平和的発展に寄与した。第三に、中国経済の発展にともない、中国の国際的および地域的責任が高まっている。というのも中国の成長を自国への挑戦でなく、好機と捉える国々が増えているためで、そうした国々における対中世論改善にも一役買ったといえよう。例えば中国の経済発展は地域および世界経済の発展のエンジンとなり、世界経済全体のGDP増への貢献は世界トップクラスで、また北朝鮮の核問題、対テロ活動などの重大なホット・イッシューについても建設的な貢献をなしており、国際社会からの良い評価へと繋がっている。

平和と発展という時代の条件と、好ましい国際的および地域的な安全保障環境こそ中国の発展にとっての貴重な機会であり、2020年までの重要な戦略的機会の十分な活用および国内の経済・社会の安定的な発展に寄与するものである。

しかし、我々は中国を巡る国際環境に存在するいくつかの不安定要因をも看過すべきではない。すなわち「世界は依然として平和ではない[7]」のである。例えば現代国際政治において、覇権主義は依然として世界平和に対する脅威である。特に「9・11後、米国は対テロとの名目ではあるが、単独主義および強権的な傾向を強め、世界各地で自国の戦略の遂行を強化して、巨大な戦略的利益を図っている[8]」。同時に、依然として冷戦的思考をもつような国々もあり、これらはそれぞれの軍事同盟を絶えず強化してきたことで、地域および世界の平和と安定にネガティブな影響を及ぼしたといえよう。さらに、国際的安全保障も厳しい挑戦に直面しており、冷戦の終焉は民族、宗教上の対立と領土紛争を顕著にした。争点となる地域問題や暴力的衝突が頻出し、テロリズム、国際的犯罪、大量破壊兵器の拡散など非伝統的安全保障問題における脅威が高まり続けている。地球環境の悪化、資源の枯渇、貧困、海賊、金融危機、情報セキュリティー、感染症の流行と自然災害の多発などにおけるグローバルな問題の解決も喫緊の課題であり、世界の平和と安定に重要な影響を与えるものである。ここから分かるようにこれら不協和音が存在するなか、平和と発展が国際社会におけるメインテーマとなることは、中国が選んだ平和的発展と和諧世界の構築という理念の背景となっている。すなわち「『和諧世界』は冷戦後の国際社会に存在する不協和音に対するアンチ・テーゼ[9]」なのである。

こうした不協和音により、中国の発展も国際社会からの攪乱要因と向き合わざるを得なくなった。まず、中国のパワーの急速な高まりは西側諸国と周囲の国々に「中国脅威論」を惹き起こした。そこでは中国経済の急成長は軍事力の強化と侵略的な膨張を惹き起こし、国益を確保するために他国に対し、武力の使用や侵略すら許容されうるとの意見も含まれている。具体的には、覇権国である米国だけでなく近隣諸国も中国の力による現状変更や、覇権追求を憂慮している。その上、こうした「中国脅威論」を感じている諸国では中国の経済発展はエネルギー、食糧、鉱物などの物資の深刻な不足と価格上昇をもたらし、それにより他国の発展に対してネガティブな影響を与えると考えている。また、中国が独特の発展モデルを有した社会主義大国として、広く受け入れられている米国モデルに挑戦するものであると考えている。このように、中国の発展をめぐる世論には改善もみられたものの、依然として困難に直面している。

次に、中国の平和的発展にとっての不利な条件として、近隣諸国との複雑な地理的環境がある。隣国は多く、大国も多いことから、争点も際立っている。日米軍事同盟の度重なる強化は中国への地理的なプレッシャーとなっており、台湾問題の解決もより困難になっているが、これは台湾問題の爆発性をさらに高めるのみならず、中国の統一をさらに困難にすることから、中国の発展および平和的台頭にとっても重大な制約となっている。さらに、未解決の領土問題、印パ関係、北朝鮮の核問題も常に悪化する可能性があり、予断を許さない状況にある。

最後に、民族分裂主義、宗教的原理主義、テロリズムも猖獗を極め、地球環境の悪化、金融危機、感染症の流行などのグローバルな問題の破壊力も侮れず、予断を許さない状況にあるため、今後中国の発展の障害となってくる可能性がある。ともあれ、冷戦終結後の平和と発展こそ時代の潮流であるという背景のもと、またグローバルな問題が突出し、安全保障上の脅威も存在するなかで、中国は平和的発展と和諧世界の構築を掲げた。これこそが何よりも中国が平和を求めている証左であり、また数多く存在する不協和音に対する処方箋でもある。

2.「平和的発展の道」と「和諧世界」論の原動力

内的条件から見て、中国経済の急成長には平和で安定した国際環境が必要であることが、中国の平和的発展と和諧世界論の原動力である。国力が短期間で強化されることで、国際的および地域的そしてハード面でも影響力が強まった。さらに成長した大国としてより多くの国際的責任を引き受け、国際貢献を行う上での責任意識も高まった。それに伴う巨大な権益もまた平和的で安定した環境や、平和的発展の道を歩む上で寄与するものだ。

改革開放以来、中国は史上空前の経済的奇跡を生みだした。統計によると、「1978年から2007年まで、我が国の国内総生産は3645億元から24・95兆元まで増加し、年平均で実質的に9・8％成長したが、これは同時期の世界経済における年平均成長率の3倍以上で、我が国の経済規模は世界第4位へと上昇した[10]」。2010年の年末までにはドイツ、日本を上回り、世界第2位に躍進し、輸出入の貿易総額では世界一になった。外貨準備高では、2006年に日本を上回って世界一になって以来増加を続け、2009年の上半期までに2兆ドルを突破した。さらに粗鋼、原炭、セメント、化学肥料、携帯電話、コンピューターなどの主要な工業製品の生産量も世界一で、名実ともに「世界の工場」になった。

２００8年にはまれにみる経済危機に直面し、世界経済全体が非常に悪化して、中国経済にも深い打撃を与えたものの、それでも比較的高い経済成長率を維持した。すなわち、２００９年の国内総生産は33・５兆元で、前年比で8・７％の増加、貿易総額も2・2兆ドルに達したが、普通貿易統計では主要各国は軒並み下げ、この経済危機を考慮に入れたとしても、ＦＤＩの実行ベースでは９００億ドルであり、大いに善戦したといえよう。

しかも、中国経済の発展は決して数の増加だけを追求したのではない。中国政府は30年余りという長期にわたる経済発展の上に、「科学的発展観」という全体的な方針を提起し、経済成長モデルの転換に努めてきた。そのため近年、経済の成長とともに環境と生態の保護にも一層目配りした結果、省エネ化および環境保護施設などのプロジェクト向け予算が増えてきている。さらに時代遅れの生産力の淘汰、エネルギー高消費・高排出業種の過度な成長を抑制し、エネルギーの需給構造の最適化などの措置を通じて、環境と生態の適切な保護を進め、「２０１０年までに２００５年の単位ＧＤＰ当たりのエネルギー消費量の20％程度を削減[11]」することが省エネ・排出削減の目標として提起され、中国における環境に対する意識の高まりを示している。

中国経済の急成長は国防・科学技術力の成長ももたらした。国防力はここ数年、とりわけ情報化と機械化が複合的に進展した。軍事訓練もこうした急速な情報化の下に進展し、ハイテク装備の研究開発にも重点が置かれ、近代的な後方任務システムの構築にも努めたことによって、軍の作戦行動能力を向上させ、突発的な事態への対応能力や国際平和維持活動（ＰＫＯ）に磨きをかけた。過去数年間、中国軍は数多くの大規模自然災害、大規模事故および公衆衛生対策などの緊急救援活動が増えており、北京オリンピックの成功をセキュリティー面から支えた。またテロ対策面では11のテロ防止関連条約の締結国として、諸外国との連携・協力に努めて国際テロ対策協力にも大いに貢献している。さらに国連PKO活動への大規模な要員派遣が突出している。そのほかに著しい経済成長も科学技術の発展を後押しした。「創新（革新）型社会」を建設するとの政策の下、政府は科学技術分野への投資を増やし、「2020年までに研究開発投資を対GDP比で2・5％以上に引き上げ、科学技術進歩の貢献度を60％以上にすることを目指し、対外技術依存度を30％以下に引き下げる[12]」と見込んでいる。近年の「神舟五号」「神舟六号」「神舟七号」「嫦娥一号」「嫦娥二号」の順調な打ち上げは中国の科学技術力の進歩を示している。

政府は過去30年余りにわたる経済発展の経験を総括した上で、「科学的発展観」の全構想を生みだし、中国の経済成長モデルの転換を追求した。

経済力、軍事力および科学技術力が急成長するなかで、「ソフトパワー」も顕著な発展を示した。「ソフトパワー」とは、自国のイデオロギーや価値観等で他国を引きつける力であり、文化の感化力を指す。中国ではこれまで、例えば開放的で豊かな伝統文化、堅固な民族的アイデンティティー、そしてグローバルな華人ネットワークなど、ソフトパワーにおける豊富な資源[13]に恵まれていたが、近年、これらを見事に生かして、実績を積んできた。一例として、世界各地に孔子学院を設立するなどして、伝統文化や中国語教育の「走出去（海外進出のグローバル戦略）」を積極的に推し進めてきた。2010年10月までに、96カ国・地域に322の孔子学院と369の孔子課堂（教室）を設立してきた[14]が、多くの国と地域で中国語学習熱が高まり、加えて「中国文化年」などのイベントを仏、露、伊と相次いで開催するなどして文化交流を政府主導で進めることで、中国文化に対する理解も大きく広げた。その他に、「中国モデル」による波及効果のみならず発展途上国からの巨大なニーズも、中国のソフトパワーの源泉となっている。すなわち中国の経済発展が「革新」「実験」「漸進主義」を通じて大きな成功を収めたことは、途上国を惹きつける要因となっているのである(15)。地域的枠組みや国際秩序を通じて積極的に紛争解決へ関わってきたことは、中国のソフトパワー向上に少なからず寄与している。地域的安定への貢献を図り、地域およびグローバルな問題の解決においても同様であり、例えば近年では北京五輪開催の成功や金融危機への責任ある対応も、責任ある大国としてのイメージ向上、平和的発展、そしてソフトパワーの強化に繋がった。

現代中国のソフトパワーには「中国モデル」が生みだす影響力と発展途上国を惹きつける大きな力がある。

私たちは国力の充実に注目するだけでなく、経済発展のモデルチェンジがなお途上にあることも知っておかねばならない。産業構造にはさらなる合理化が必要で、産業チェーンにはハイエンド製品がまだ少なく、新技術の開発強化が待たれている。中国は人口が多いため、国別ＧＤＰランクが上昇しても、教育水準では先進国と大きな隔たりがあり、生態環境の悪化には歯止めがかかっておらず、エネルギー不足が経済成長の足かせとなっている。社会の安定という点では「チベット」「新疆」における分裂主義勢力の脅威に直面している。貧富の格差は大きく、経済・社会の発展に影を落としている。社会における腐敗の蔓延と法制度が不十分であることが中国のソフトパワーにも影響している。こうした問題は中国の発展の制約であるが、実は発展のエネルギーにもなっている。この意味において、時宜にかなった平和的発展によって自ら必要とする長期にわたって安定した国際的環境の維持に努めるのであり、こうして自国の発展を図ると同時に、国際社会全体における調和のとれた発展、すなわち和諧世界の構築を目指して進んでゆくのである。

3.「平和的発展」と「和諧世界」論の完成に向かって

平和的発展と和諧世界の理念が提起されたのは、外部における平和的環境と内的なニーズだけでなく、中国外交において各時代にあらわれた思想と理念の帰結としてである。根本的には、平和的発展と和諧世界論は、国家の発展目標および発展モデルに対する解釈ともいえるが、それはすなわち新中国の成立以降、国家の発展を求めるイデオロギーによって連綿と続いてきた結果であるといえる。こうした思想的系譜の上に、平和的発展と和諧世界論は発展してきた。

中国共産党第8回全国代表大会で提起された「偉大な社会主義国の建設のために奮闘しよう」(16)は、新中国が国家の発展目標について宣言したものであり、ここでは社会主義国家の性質が特に強調されており、偉大な国家になることへの期待が示されている。

80年代に入り、改革開放が始まり、それに伴う経済および社会の急速な発展を経ることで「強国」への方向性がいよいよ明確になった。中国共産党第12回全国大会では鄧小平氏は開会の挨拶で「我が国は高度に文明的で、高度に民主的な社会主義国家を建設する」[17]「覇権主義に反対し、世界平和を守る」[18]との目標を宣言した。すなわち政治、経済、社会にわたって発展を進めていくのみならず、覇権主義への反対および世界平和の維持と自国の発展とを結びつけることで、国際的な責任感が高まったことを示している。

90年代、鄧小平の「南方講話」は改革開放の継続を方向づけた。経済は離陸し、社会の発展は長足の進歩を遂げた。このような状況で、江沢民などの国家指導者が第15回および第16回党大会で「中華民族の偉大な復興を実現する」との国家発展目標を明確に提起した[19]。中国の富強と発展を実現するとの、これまでの国家発展目標に比して、より明確な決意が述べられるとともに、台頭せんとの意志を示した。「中華民族の偉大な復興」の追求とは、いうまでもなく昔日の輝きを取り戻すことを意味するのではなく、経済、政治、文化、外交などの各分野での成長を通じて国際的地位の向上と各国への影響力の強化を図ることで、より建設的に国際貢献していきたいとの国際社会へのメッセージというべきものである。

今世紀に入ってからも、経済成長が維持され、国力が強化されるなか、「平和的台頭」との新たな目標が示された。２００３年12月、温家宝首相は米ハーバード大学で「中国に目を向けて」と題して行った講演で、中共中央党校常務副校長であった鄭必堅がボアオ・アジア・フォーラムの場で初めて公表した「平和的台頭」論を引用しながら、「今日の中国は、改革開放を進め、平和的に台頭する大国」[20]と述べたが、これが政府として初めて「平和的台頭」という言葉が使用された時であった。その後毛沢東生誕110周年記念座談会で胡錦涛総書記は中国が「平和的台頭を目指す道を堅持する」(21)と述べた。「平和的台頭」との国家目標はさらに次のように重ねて言明されている。翌2004年の第10期全国人民代表大会第2回会議記者会見でも、温首相が次のように詳しく説明している。「第一に、平和的台頭とは非常に良好な国際的環境を十分に生かしながら自国の発展と強化に努力すると同時に、自国の発展をもって世界平和に貢献することである。第二に、中国の台頭はあくまで自助努力が基本である。すなわち自主独立・自力更生・刻苦奮闘の精神、広大な国内市場と豊富な労働力および資金、改革がもたらす構造的イノベーションに依拠することである。第三に、中国の台頭のために国際社会はなくてはならず、また改革開放政策を堅持して、平等互恵の原則の下、すべての友好諸国との経済交流をすすめるものである。第四に、中国の台頭は数世代にわたる長期的な努力を要するものとなろう。第五に、中国の台頭は誰にも害を与えず、脅威となるものでなく、何人たりとも犠牲にしない。中国は覇権をもとめず、かつまた永遠に覇権を称えることはない。というのは中国の平和的台頭は国際社会から離れてはなしえないからである(22)」。これら五つのポイントからわかるのは、「平和的台頭」論には中国の平和への意志と発展には平和的な性質があること、国力の着実な増強がすでに国際情勢における趨勢となっているなか、「平和的台頭」は信頼醸成を図るためであり、善意の表れなのである。

ただし、残念ながらこうした善意を理解しようとしない国々では「平和的台頭」論における平和への志向性が無視されるばかりでなく、かえって「台頭」という言葉にのみ着目されがちで、このため、中国国内の各界でも「平和的台頭」といった表現を継続的に用いるかについて大いに議論が交わされた。こうした状況のもとで指導部による慎重な検討がなされた結果、最終的には修正されることとなり、2004年8月に開催された第10回在外使節会議を契機に、胡主席は「平和的台頭」から「平和的発展」へと明確に替え、「平和、発展、協力の旗を高く掲げ、自主独立の平和外交政策を堅持し、平和的発展の道を堅持していかねばならない。……世界平和を守り、ともに発展していくために力を尽くしていこう」(23)と述べた。こうして、「平和的台頭」に替わり「平和的発展の道」が正式に中国政府が採用するところとなり、この後、重要な内外の場での政府の発展目標を提起する上で広く用いられるところとなった。

2005年3月、温首相は政府活動報告中に「中国の社会主義・近代化の道は平和的発展の道である」(24)と述べ、発展を図り、覇をとなえず、平和を促進しようとの基本的なポイントを強調した。2005年12月の白書「中国の平和的発展の道」では、「平和的発展の道」論の基本的事項、すなわち平和、発展、協力について詳細に説明するだけでなく、国際社会に対し中国は平和的発展戦略、すなわち平和と協力を通じて国家の発展目標を実現すると述べている。2006年8月、胡総書記は中央外事工作会議で、中国は「平和的発展、開放的発展、協力的発展、調和のとれた発展の実現に努力すべき」(25)とした。ここに「平和的発展の道」の意味が集約されている。これについて中国共産党第17回全国代表大会における報告で胡総書記は「中国は終始一貫して平和的発展の道を歩んでいるが、これは中国の政府と人民は時代の発展および流れ、そして自らの根本的な利益から導かれる戦略上の選択の結果である」と再確認している(26)。その翌年および翌々年には、「平和的発展」も政府活動報告における重要なキーワードとなった。「平和的発展」が新たな目標となり、根本的な戦略となったのである。

国力の発展にともなって国際的地位が向上し、他国との協力や交流も増した。このため、中国が提起した国力強化および発展目標においては、国際社会で果たす役割や地位についても言及している。前述したように50年代から60年代にかけては、「求同存異（小異を残して、大同を求める）」「和平共処（平和共存）」であり、改革開放以降では、平和と発展という2大テーマにあっては、覇権主義に反対し、世界平和を守り、新たな国際政治経済秩序を構築することが中国の国際的な役割となったことはすでに述べた。冷戦後まもなくは「韜光養晦、有所作為（能力を隠し、為すべきを為す）」、すなわち衝突を賢明に回避し、公平かつ合理的な新たな国際政治経済秩序の構築に努めていく方針を打ち出した。そして90年代の中頃以降は、「世界の多様性」等が打ち出されたが、これは以前の「求同存異」の延長線上にある。つまり半世紀にわたって中国の外交理念は絶えず発展を続けており、「和諧世界」秩序の重要な思想的基盤を形成しているのである。

２００５年４月、胡主席はジャカルタで開催されたアジア・アフリカ首脳会議で初めて「和諧世界の構築へ」と題し、「異なる文明との友好・交流や平等な対話を通して繁栄を進め、和諧世界をともに構築しよう」(27)と提起した。同年7月、胡総書記はモスクワ公式訪問時に、ロシアとともに「和諧世界の構築と発展」を「21世紀の国際秩序に関する共同声明」へ書き入れた(28)が、これは両大国の国際秩序への共通の願いを示している。同年9月、胡主席は国連創設60周年記念特別首脳会議で中国の和諧世界に含まれている国際秩序観の意義を詳しく説明しており、国際社会へ向け、ともに和諧世界の構築へ向けて協力しようと提案した。中国共産党第17回全国代表大会の報告でも「私たちの主張とは、各国の人民は手を携えて、恒久平和を構築し、ともに繁栄できる、そうした和諧世界の実現である」。「和諧世界」論は内的に充実するだけでなく、外交における基本的理念となったことから、すでに成熟したといえよう。この後、他の主要指導者も「和諧世界」論をさまざまな場で訴え、推進に尽力しており、2008年の金融危機への対応時でもこの点を明らかにしていた。

同様に注目すべきことには、「和諧世界」理念の延長線上に「和諧地域」という理念も政府は提起している。この「和諧世界」は重要な外交理念となり、着々と国力を強化させる中国はアジア地域、さらには世界の和諧と発展のために建設的な役割を担いゆくことは明らかである。

二、「平和的発展の道」と「和諧世界」の主要な内実と研究意義

「平和的発展の道」と「和諧世界」は対外関係および国際戦略における新理念であり、深く研究されねばならない。これまでのところ、国内の研究においては一定の成果をあげており、基礎はすでにできている。

1.「平和的発展の道」が包含する意味

「平和的発展の道」には非常に重要な含意がある。白書「中国の平和的発展の道」によれば、その含意には次の4点がある。第一に、平和な国際的環境を勝ち取ることで自国を発展させ、自国の発展によ

って世界平和を実現していくこと。第二に、自国の国力に基づいて改革・革新を実現していくと同時に対外開放を堅持すること。第三に、経済のグローバル化に鑑み、各国との相互利益とウィンウィンの関係で共同の発展に尽くしていくこと。第四に、恒久平和そしてともに繁栄する和諧世界の構築へ向け、各国とともに平和、発展、協力を堅持すること(29)。

上記の4点から、先ず「平和的発展の道」は「中国の近代化にとって不可避の道」(30)、であり、すなわち経済社会など発展途上にあった以前から、繁栄する近代国家へ転換していかねばならない。近年の経済成長は耳目を集めたが、人口は多く、科学技術のレベルはまだ低く、近代化には長い道のりが予想される。次に、「平和的発展の道」とは国際社会で台頭するにあたり自ら選んだモデルである。政府関連文書において、外交的および政治的配慮から、「平和的台頭」に替わって「平和的発展」としているが、学術的には依然「台頭」という表現も使われており、国家が発展する状態を表現する上で適当ではある。「台頭とは一般的な意味での国家経済の発展の速さを指すだけでなく、大国における総合的国力の速やかな上昇が世界的なパワーバランス、秩序および行動規範にとって重大な影響を及ぼす過程」(31)を指す。この意味からすると、平和的発展の道を歩むことを宣言している中国は戦争でなく発展を、武力でなく平和を通して自国の台頭を追求するものであり、これまで諸大国が武力で台頭してきたやり方を全面的に否定するものである。グローバル化と平和的発展をテーマとする新たな時代を背景に、中国は平和的な手段で台頭する理由があるだけでなく、その必要性、さらには能力を有しているのである。最後に、中国は協力、互恵そして共同の発展といった手段を通じて諸国とともに調和のとれた国際秩序、すなわち和諧世界の構築を図っていく。「平和的発展の道」には平和、発展そして協力というテーマを包含していることは明らかである。

「平和的発展の道」では中国が発展を実現する上での平和と協力というアプローチを強調するが、これは侵略、戦争あるいは他国の犠牲の上に自国の発展を図ることは決してせずに、協力と互恵といった平和的手段を通じて発展を実現することである。このため、党第17回全国代表大会の報告では「平和的発展」について具体的に次のように説明している。「我々は国内の人民の利益と国外の人民との共通利益との結合および正義と公正の厳守を堅持する。我々は国家の大小、強弱、貧富にかかわらず平等に対応すること、各国の人民がそれぞれの発展のあり方を自ら選ぶ権利を尊重すること、内政に干渉しないこと、自国の意思を他国に強要しないことを堅持する。中国は国際的紛争および焦点となる問題について平和的な解決に尽力し、国際社会全体およびアジア地域の安全保障協力を進め、いかなるテロにも反対する。中国は防衛的な国防政策を固守し、軍備競争に与せず、他国からのいかなる軍事的脅威にも反対する。中国はどのような覇権主義および強権政治にも反対し、永遠に覇を称えず、永遠に軍事的拡大をしない」(32)。同時に、平和的発展は協力に基づいてこそ速やかに進むものである。各国との国際的な分業、協力および通商協力や国際経済技術上の協力を進めてこそ、中国経済は健全で速やかな成長を維持できる。また、各国との地域および国際的安全保障上の協力によってこそ中国が発展するための平和的な環境が守られる。グローバルな問題への取り組みも、調和のとれた発展の実現も、各国との共通の利益を守ることも、和諧世界の構築も各国との協力あってこそである。

以上の分析からもわかるように、中国の平和的発展には2組の弁証法的な関係があることが明らかであり、一つが平和と発展の、もう一つが中国と世界における弁証法的関係である。前者についてはそれぞれが目的でもあると同時に手段でもある。中国は自国の平和を確保しつつ、世界平和を守らねばならない。また自国の発展を目指しつつ、世界全体の発展をも進めていかねばならず、これは近代以来の歴史的経験から得られた重要な結論である。自国が発展すればこそ、中国は自国の平和と安全保障を守ることができ、世界の平和を維持する力にもなれる。かつまた各国とともに発展することによってこそ、国家間にある共通の利益を増すことができ、相互依存をより高められる。こうした国際平和が維持できてこそ、中国自身の平和と安全保障が守られる。平和的な国際環境あってこそ、中国は発展でき、世界各国とともに発展できる。

後者の、中国と世界との弁証法的関係については、両者足並みをそろえ、ともに促進される関係にある。「平和的発展の道とは、国内の発展と対外開放を協調させ、そして自国の発展と世界の発展の足並みをそろえ、中国の人民の根本的利益の世界の人民の共通の利益を結びつけることである[33]」。中国の発展は国際社会を必要とし、対外開放と協力と互恵を通じてのみ、諸外国からもたらされる資源やチャンスを生かすことができる。同時に世界の発展も中国を必要としており、「中国の発展は世界全体の発展における要の一つである[34]」。中国は世界人口の5分の1を占める人口大国であり、その経済の急成長は世界経済のエンジンとなっていると同時に、中国の平和は世界の平和と発展によるものであり、世界の平和も中国の平和と発展によるのである。すなわち、中国と世界には共通の利益を有するウィンウィンの関係にあり、中国の「平和的発展」とは国際的な平和にとって衝撃や脅威となるものではなく、平和と発展をもたらすものである。「平和的発展の道」とは、「中華民族の偉大なる復興」への根本的な軌道であり、「和諧世界」を構築するための必然的な選択でもある。

2.「和諧世界」の基本的主張

国連創立60周年記念特別首脳会議で、胡主席は「恒久平和と、ともに繁栄する和諧世界の構築に力を尽くしていく」との基本的主張について詳細に説明した。すなわち、第一に、「多国間主義を堅持し、共通の安全保障を実現する」ことである。これは各国が相互信頼、互恵、平等、協力といった新たな安全保障観にたって、国連による効果的な集団安全保障体制を通して安全保障協力を実現し、安全保障上の脅威に対して共同して対応し、国際的紛争を平和的に解決する。第二に、互恵と協力を堅持し、ともに繁栄を実現する」ことである。これは国際的な通商および金融などの国際経済システムの構築と充実を通して、南北協力と南南協力によって貧困を撲滅し、共同の発展を目指すというものである。第三に、より重要なことは、こうした考え方は寛容という観点からも和諧世界を構築するための方向性を示している。「私たちは各国が社会制度および発展のための政策を自ら選ぶ権利を尊重すべきである。排斥し合うのではなく学びあい、どれが最善かを決め付けるのではなく、長所を取り入れて短所を補い、各国がそれぞれの国情に基づいて振興し、発展していくべきである。異なる文明間の対話と交流を深め、比較と競争に基づいて長短を明らかにし、「求同存異」の中で共に発展し、相互の懸念と隔たりの払拭に力を尽くし、人類のさらなる和合へ向かって、世界をより豊かにしていくべきである。平等かつ開放的な精神で、文明の多様性を維持し、国際関係の民主化を進め、異なる文明が共存する『和諧世界』を協力して構築していくべきである[35]」。

また共通の安全保障、共同の繁栄、相互に寛容であることを核心とする「和諧世界」とは根本的には中国が今後の世界秩序として志向する、内容に富んだ世界秩序観であることを表している。具体的には、「和諧世界」的な世界秩序とはまず平和と発展という特徴を具えている。各国が国際規範に基づいて友好的に交流し、各国が互いの主権と発展モデルを尊重し、平和的手段と協議によって既存の対立や衝突の可能性を除き、互いに武力を使用せず、また威嚇しない。各国間では新たな安全保障観に基づいて相互信頼と協力をすすめ、互恵とウィンウィンを通して共同の発展を実現し、現在の貧困問題や南北格差の拡大といった問題の解決に力を尽くす。各国の発展と世界の共同の発展は国家が追求する主な目標であり、かつまた平和を保障する重要なものである。各国の協力と相互の発展によってのみ、共同の利益を不断に拡大し、ウィンウィンを実現できる。

次に、「和諧世界」には平等と正義という特徴がある。平等は、中国が一貫して維持してきた価値原則および国際道徳規範であり、構築されつつある「和諧世界」において平等とは、「国家は強弱にかかわらずすべて平等であり、強国は弱小国の内政に干渉する権利を持たず、国際紛争の唯一の合理的解決方法は平等な協議であり、いかなる形式の、またいかなる理由の強権政治も認めない」[36]ことである。各国ともに自国の利益追求を表明する権利があり、またその利益については相応の関心が払われるべきである。平等はまた中国が提唱してきた国際関係の民主化において基幹をなすものであり、絶えず国際関係の民主化を進めることによってのみ、覇権主義や強権政治を抑制できる。正義については『和諧』に包含されている正義とは各国が国際秩序と共同の利益を守り、そのなかで得られた正義であり、他のある国および国々だけが専有するものではない」(37)。「和諧正義」ともいえるが、それは「正義に則った原則、行為そして手段によって和諧を守る」ことで、また「和諧に則った法則、応用そして手段すなわち和諧にふさわしいやり方でなされる正義」(38)といえよう。現在の状況においては、国際社会の平和と正義を守ることは平和と発展を促進する上での必要条件であるだけでなく、国際秩序を和諧の方向へ進める上での重要な要因となっている。

最後に、「和諧世界」には繁栄と多様性という特徴がある。現代国際社会においては異なる政治・社会体制と経済発展モデルだけでなく、多様な文化および文明が共存している。この故に世界には繁栄という光景が現れるのであり、「世界が発展するまさにその活力はこのような多様性が共存するところにある」(39)。世界には「一つの文明、一つの社会制度、一つの発展モデル、一つの価値観念しか存在しないことなどありえない。各国および各民族がそれぞれに人類文明のために貢献している」(40)のであるから、異なる政治制度、異なる経済モデルおよび異なる文明間で対話し、互いに長所から学び、短所を補うことで各国が発展し、国際社会を進歩させることができるのである。「和諧世界」とはすなわちこのような異なるイデオロギー、社会制度、発展モデルが共存し、各文明が相互に交流する世界秩序であり、各国が相互に尊重し、「求同存異」の上にともに世界の繁栄と発展を図っていくことである。

中国の「和諧世界」は全く新しい世界秩序観であり、中国文化に固有の「和而不同（和して同ぜず）」「和為貴（和をもって貴しとなす）」「和合」「交相利（相互に利をはかる）」といった伝統文化・思想の精髄(41)である。また主権の平等、民族自決、共同の利益、ウィンウィンの協力などの現代の国際関係における思想のエッセンスを包括するだけでなく、国際社会へ広く糾合できる影響力を有していることから、確実かつ実行可能な世界秩序構想でもある。

3.「平和的発展の道」と「和諧世界」の重要な意義

平和と発展を2大テーマとするグローバル化の時代にあって、特に中国の国力が急速に強まるなかでは、「平和的発展の道」と「和諧世界」の提起には重要な理論的および現代的意義があり、外交思想および国際関係理論に新風を吹き込んだだけでなく、さらに外交をリードすることで世界の平和と発展そして公平と正義に寄与している。

理論的な観点からは、「平和的発展の道」と「和諧世界」の提起は先ず中国の外交哲学を発展させ、外交思想を充実させ、中国独自の国際関係理論の構築を果たした。改革開放前は冷戦という特殊な時代背景と複雑な国内政治情勢にあって、当時の外交哲学には、「革命」と「闘争」という特徴が際立っていた。改革開放後、国際情勢が比較的緩和し、中国が急成長を始めた情勢下で、中国は「平和と発展の時代」というテーマを提起し、中国外交哲学にも新たに「平和」と「発展」が特徴となった。今世紀に入り、「平和的発展の道」と「和諧世界」の提起は外交哲学を全面的に作り替えるだけでなく、国際秩序における新たな進展をも意味している。すなわち冷戦後、国際情勢に根本的な変化が発生するに従って、中国の外交思想にも新たな傾向があらわれ、新安全保障観、共同の安全保障、共同の発展、平和的台頭や文明の多様性などの外交上の新理念が続出しているのである。こうした流れのもとで、「平和的発展の道」と「和諧世界」はその深い含意によって上述のすべての新たな思想を包括し、冷戦後からの中国外交思想の発展を充実させた。このほか「平和的発展の道」と「和諧世界」には中国の多様な伝統文化という観点も含意されており、「和而不同（和して同ぜず）」「和為貴（和を以って尊しとなす）」「交相利（相互に利をはかる）」などの伝統文化の精髄が根底をなしている。このため、中国の特色が際立っており、特に「和諧世界」は理想的な国際秩序を構想する上で、国際関係理論の発展のために欧米中心的ではない新たな視点を提起した。したがって「平和的発展の道」と「和諧世界」は中国の特色ある国際関係理論の構築という点において大きな意味があり、「中国における国際関係および外交理論研究に大きな発展をもたらした」[42]。

次に、「平和的発展の道」と「和諧世界」そしてその帰結として実現する中国の平和的台頭は、現在の欧米主導の国際関係理論の発展に斬新な理論的視角や独特な事例を提供するものである。現在の欧米が主導する国際関係理論として主なものに、現実主義（リアリズム）、自由主義（リベラリズム）と構成主義（コンストラクティビズム）の三つの学派がある。これらの学派はいずれも国際秩序の安定と恒久平和の実現を模索するものではあるが内在的な理論的限界があり、「世界の恒久平和と安定への直道」たりえず、「公平で合理的な国際秩序の追求」[43]にも至っていない。「平和的発展の道」と「和諧世界」

は共通の安全保障と共同の繁栄、そしてその双方ともの追求について、これら主要三学派が直面する難題に解決の筋道を提供した(44)ために、「伝統的欧米由来の国際秩序言説およびイデオロギーを超越し、グローバルな問題および人類の未来についての非欧米的な理論的思考および実践に一種の筋道をつけた」(45)ことは国際関係理論における新たな進展である。とともに「平和的発展の道」と「和諧世界」によって中国は(彼らとは)異なる社会制度と発展モデルを体現した大国として、これまでの大国が武力によって台頭した、いわば「伝統的なやり方」を覆して、「平和的発展」によって台頭し、国際関係理論研究に独特な事例を提供するとともに、国際関係理論における新たな解釈モデルと理論的視角の進展をさせるであろう。この意味からいえば、中国の「平和的発展」と「和諧世界」は国際関係理論を発展させ、充実させているといえるだろう。

現実的な観点からは、「平和的発展」と「和諧世界」が提起しているのは中国および世界の平和と発展の促進という重要な意義である。まず中国にとっては直接的な効果は「中国脅威論」への有力な反論となったことであり、中国をめぐる国際世論においても改善がみられただけでなく、障害を減らしてより好ましい環境を創出したことである。さらに中国の「平和的発展」モデル、共同の発展と共同の繁栄を強調することで、国際社会へ、とりわけ近隣諸国および欧米諸国の一部にとっても、中国の発展は安全保障上の脅威となるものではなく、発展のチャンスを提供し、また他国の発展や利益を脅かすものではなく、共通の利益を増すものである。このように国際世論における「中国脅威論」によるマイナスイメージを払拭し、「中国機会論」ともいうべきプラスイメージが徐々に広がって、より冷静な世論環境へと改善していった。

次に、平和的発展の道と和諧世界の提起は、中国の「ソフトパワー」向上に役立つ。経済の急成長によって軍事力に代表される「ハードパワー」も急速な向上に至る一方、文化をアピールするソフトパワー向上は、相対的に緩慢である。これが中国のさらなる前進にとってはある種の制約となっている。このため、ソフトパワーには「非暴力的、漸進的、普遍的、大きな意味での互恵的で、最も受け入れやすく、コストも最小であり、これらの相乗効果もある」(46)。換言すると、ソフトパワーの向上は中国のより包括的な発展において、「わずかな労力で最大の効果をあげる」ことができる。平和的発展と和諧世界の提起によってまさにこうした効果がある。中国政府が創り出した和諧世界の世界秩序構想は、世界への重要な理論的革新であり、「中国外交が国際道義の『要地を占め』」(47)て、外交力が向上した。しかも、伝統的文化や思想、そして豊かな外交思想が含意され、「中国文化が貢献できることを明らかにした」(48)のである。このほか、平和的発展が堅持する「中国は永遠に覇を称えないとの堅固な決意と、新興の大国としての責任感をも明らかにし」(49)、これらを体現した中国の平和と協力の姿勢も中国の国家イメージの改善、そして中国のソフトパワー向上にも役立っている。

最後に、平和的発展の道と和諧世界は中国外交を通して中国の平和と発展のプロセスを適切に進めていく。現在中国外交の核心的理念の一つとしてそれらは中国外交の重要な指導的思想であり、中国の指導者もこれまで多くの場で「平和的発展の道を終始一貫して歩む」決心と「恒久平和とともに繁栄する和諧世界構築」への意思を表明してきた。そのため、中国外交の実践も必ず平和、発展、協力、和諧を原則とし、新安全保障観を堅持し、積極的に核拡散防止と対テロ活動を推進する。また、互恵と協力を堅持し、地域と世界の経済発展に貢献する。そして他文明との交流と相互学習を強化し、他国との国家レベルでの友好を実現し、平和的発展と和諧世界への道を根本的に推進していく。

他方、世界にとっても、中国の平和的発展の道と和諧世界は現実的な意義があり、まずこれにより中国の平和的発展は世界の和諧と進歩を一層促進するであろう。中国経済の急成長はアジア経済および世界経済の発展にとってチャンスと利益をもたらすことができる。世界経済の「エンジン」として、中国経済はアジア経済と世界経済への貢献度で上位に位置されている。すなわち２００８年の金融経済危機にあって中国経済のいち早い回復は世界経済全体の回復にとって重要な原動力となった。また平和と和諧を志向する中国の発展は世界の平和と正義を守る力をさらに強めるとともに、国際関係の民主化の発展を引き続き進め、さらには「和諧世界」の構築をも進めるであろう。

次に、「平和的発展の道」と「和諧世界」は中国による国際的価値体系への重大な貢献にもなる。これまで「経済成長」「自由」「社会正義」そして「生態保護」は現代における「価値」の核心的内容(50)であり続けたが、これらは中国由来ではない「価値」の革新であった(51)。台頭する大国としての中国は「価値」の革新についても国際社会へ貢献せねばならない。というのも「現代史上、真に勃興する強国はいずれも、根本的原因にそのプロセスにおける世界史的意義ある革新があった」(52)からである。「平和的発展の道」と「和諧世界」の提起は中国においては、「価値」の革新という新たな分野での空白を埋めるものだといえよう。「『和諧世界』建設の提唱と推進とは、中国が国際的価値観という分野で社会主義の核心的価値体系を建設し、堅持しなければならないということを体現するものだ」(53)。この国際的価値観が意味するものとして、共通の安全保障、共同の発展、文明の多様性そして「和諧世界」などの理念は「和而不同（和して同ぜず）」を精髄とする中国の伝統的文化・思想から始まり、人類社会の平和と和諧を実現するための根本的な問いかけにいたる道筋であり、したがって、非常に大きな価値を有するもので、中国が世界の価値体系を補う有益なものといえよう。

最後に、中国は「平和的発展の道」と「和諧世界」を志向して大国として台頭を実現することとは、他の新興諸国にとってもモデルとなるであろう。グローバル化が進んだ現代にあって台頭する一大国として、平和裏に、戦争によらず台頭することを宣言した一大国として、中国の台頭の未来の成功は国際関係史における全く新たなモデルとなる。中国が堅持する外交理念と思想、中国が選択した「平和的発展の道」と台頭するモデルは他の新興諸国に有益な啓示ともなりうるであろう。

このように、中国の「平和的発展の道」と「和諧世界」は中国の平和と発展に大きな役割を果たすだけでなく、新たな「価値」として世界の発展と進歩への貢献となっていくのである。

三、中国の「平和的発展の道」の特徴

現在、中国の台頭は国際社会において無視することのできない重要な事実となっている。自国の台頭という時を鑑みて、中国政府は「平和的発展の道」を歩み、「和諧世界」を構築するとの政策を提起した。これは新たな歴史的時期にある大国の台頭であり、全く新しい模索でもある。したがって、米国、英国、

ドイツ、戦前の日本が経験した対外拡張という現実主義的観点から覇権を争うことや、また戦後日本や西欧諸国のように「覇権安定論」のもとでの平和的な発展といったこれまでの試みはともに、新時代における中国の台頭にとっては十分な理論的支柱また実践的な意味での示唆足りえない。中国は平和と和諧という指針のもと、より一層国際社会の中へ入っていくことで、新たな双方向的関係を築き、自国の平和的発展を実現するとともに、世界の平和と安定を促すことを目指していく。

1. 平和と和諧：中国の「尚和（和を尊ぶ）」外交思想と政策の継承

中国の平和と和諧が提起しているのは便宜的な「方便」などではなく、真摯な外交思想および政策的基礎を有するもので、中国「尚和（和を尊ぶ）」外交文化の伝統に根ざすものである。中国の伝統文化においては、「和」には奥深い意義がある。儒家においては「和而不同（和して同ぜず）」すなわち自他の調和を重んじ、ものごとの差異性および多様性を認めた上で、人間と自然そして人間と社会の調和を追求している。儒家ではその精髄に「致中和（中和（か）を致す）」とあり、適度また適切であり、そしてバランスまた調和を重んじ、道徳を基盤に社会の調和が形成される状態を理想としている。さらに「和為貴（和をもって尊しとなす）」、「和而解（『仇は必ず』和して解く）」といった文化および思想は中国文化における平和および和諧への配慮を直接的に表現し、対立の解消、そして戦争の防止に力点を置いている(54)。これに対して、道家（ルーツとしての墨家）では「兼愛（博愛）」、「非攻（専守防衛）」を宣揚し、争いと対立に抗し、平和と互恵を主張している。疑いなく、これらは中国文化における平和に関する内容であり、中華民族の寛容と共生、和諧とウィンウィンを追求する民族性を反映したものだ。

伝統文化のこうした核心的思想は外交の思想と伝統の基底部となっている。これまで絶頂を極めた唐代でも、国難の危機にあった清末でも「天下観」との地政学的観念を固守し、中国本土の中心性と華夏文化の優越性を強調してきたため、安全保障上は「防御」に集中し、「拡張」との意識はほとんどなく、周囲との朝貢体制を通して比較的安定した平和的な秩序を守ってきた。周辺諸国は朝貢を行うも、独立した主権を保持したままであった。恩恵を与えるも、内政には干渉せず、植民地統治なども行わなかった。世界史上、（鄭和のように）中国人が遠く外国へいっても、侵略や殖民地化などは行わなかった。さらに「和為貴」「非攻」そして「徳化（武力でなく徳で感化）」を堅持して、国の平和と交流へと至り、そのためこうした中国古代の世界秩序観およびその対外政策の実践には明らかに平和と和諧の色彩が濃い。

中華人民共和国成立後も、平和と和諧は中国外交思想および政策実践の核心であった。早くも「共同綱領」には、中国政府は「中国の独立、民主、平和、統一そして富強のために奮闘しよう」、そして国際的な恒久平和と各国人民との友好と協力を擁護しよう」(55)と提起され、これが中国の平和外交の大目標となったのである。また、まさにこの目標に基づいて、中華人民共和国成立当初は国際平和民主陣営の一員になることを選んだ一方で、帝国主義的な侵略戦争に反対し、国際社会および自国の安全保障と平和を守ってきた。50年代中頃、「主権と領土保全の相互尊重、相互不可侵、相互内政不干渉、平等互恵、平和共存」を基本的な内容とする平和共存五原則が宣言されたが、新中国の平和外交の本質からさらに進めたもので、侵略に反対し、平和を守るとの一貫した立場、そして国家間の平等と協力を追求したいとの新中国の意志を表明しており、国際社会全体から歓迎された。このため、平和共存五原則は中国と世界各国との交流における重要な原則となっただけでなく、国際社会に広く受け入れられた原則となった。１９５５年のアジア・アフリカ会議のある時、相違を解決するため、そして発展途上国間における団結を得ていくために周恩来が率いる中国代表団は「求同存異」、つまり協力の基盤として各国の社会制度および文化の差異を認め合った上での共通点の追求を提起した。すなわち中国は他国と平和友好関係を維持したいとの表明であり、中国の伝統文化のエッセンスである「和而不同」を体現した。また以後「世界の多様性を守る」そして「和諧世界」の重要な基礎となっていった。このように50年代から60年代の中国外交は大きな足跡を残したが、これ以降、中米間の大使級会談の開始、中日民間外交の進展そして近隣諸国との国境問題の解決といった、中国が国際的な支持を得る上での良好な外的環境を創り出し、また中国外交の平和的な性格が強く表れてきた。

70年代においては、毛沢東が当時の国際情勢を詳細に分析した上で、「三つの世界」論を提起、米ソ二大超大国を第一世界、「日本を除くアジア、アフリカ、ラテンアメリカを第三世界」(56)とし、その両者の間にある欧州、日本、豪州、カナダなどを第二世界とした。さらに鄧小平は「一社会主義国家として中国は永遠に第三世界に属し、永遠に覇を称えない」(57)と述べている。「三つの世界」論の提起で、中国は反覇権という旗幟を鮮明にした。すなわち国家の平等、独立そして完全な主権を最も重視し、超大国による覇権主義から世界平和を守るとの立場を表明したのである。同時に、「覇をとなえない」も中国の平和志向を明確にしているが、この後の中国が台頭する過程で守られてきた重要な外交理念となった。

80年代には、「改革開放」が実施され、経済建設を中心軸に据えられるようになると、中国外交も新たな状況や課題に直面した。鄧小平は「世界には二つの大きな問題、平和の問題と南北問題がある[58]」、そして「平和の問題とは東西問題であり、発展の問題とは南北問題である。すなわち東西南北の4文字だ。とりわけ南北問題が重要である[59]」と述べた。こうした観点から、中国は自主独立の平和外交政策を提起し、「非同盟」政策を実施すると宣言し、覇権主義に反対し、世界平和の維持を堅持するとともに新たな国際政治経済秩序の構築を主張したが、これは中国の外交政策に平和と発展、そして「和諧世界」秩序を志向するものである。このような状況下で、中国は自主独立の平和外交との新機軸を打ち出した。例えば香港およびマカオ問題解決の枠組みとしての「一国二制度」、南シナ海における諸問題の処方箋としての「争いを棚上げして、共同開発」。これらは中国外交における平和の追求が真摯であることを示している。

冷戦終結直後、ソ連の解体や東欧情勢の激変といった複雑な国際情勢および西側諸国の厳しい対中制裁の圧力に対し、鄧小平は「冷静観察、穏住陣脚、沈着応付（冷静に観察し、足元を固めて、落ち着いて対処すること）」[60]「自主独立の平和外交を堅持し、同盟を結ばず、すべての国と友好な交流を図り、あらゆる覇権主義と侵略にも反対する」[61]と述べた。同時に「韜光養晦、有所作為（能力を隠し、為すべきを為し）」、そして米国との対立を回避する同時に、新たな国際政治経済秩序の構築を積極的に進めることで、平和と和諧を実現すべきであると強調した。

90年代中頃から、国力の速やかな向上と国際的な影響力が拡大して「中国脅威論」が喧しくなってくるに伴い、中国政府は旧来の冷戦的思考から脱却し、全く新たな視点から「新安全保障観」と「世界の多様性」を提起した。1999年、江沢民はジュネーブ軍縮会議の折、その内容と意義について次のように述べた。「新安全保障観の核心とは、相互信頼、互恵、平等、協力である。各国の主権および領土の保全を相互に尊重すること、相互不可侵、相互内政不干渉、平等互恵、平和共存五原則そしてこれらを国際関係における規範とすることが平和を守る政治的基礎である。互恵と協力、共同の繁栄が平和を守る経済的保障である。平等な対話、協議と交渉によって紛争を解決し、平和を守ることが正道である」(62)。「新安全保障観」とは冷戦後の国際情勢に対応する上で中国が提起したもので、対立と衝突を回避し、平和と協力を追及する中国の意志の表れである。

ではその新安全保障観に中国の平和への意志が表れているとするなら、他方の「世界の多様性」には世界の和諧への追求が表れている。2000年に江沢民が出席した国連ミレニアム・サミットで「世界は豊かな色に彩られている。宇宙が一つの色だけではないように、世界には一つの文明、一つの社会制度、一つの発展モデル、一つの価値観念だけではありえない。いずれの国も、いずれの民族も人類文明の発展に貢献している。異なる民族、異なる宗教、異なる文明の多様性を十分に尊重すべきである。世界発展の活力はまさにこうした多様性の共存のなかにある。平等かつ民主的な精神で、各文明の相互交流、相互学習を進めて、ともに進歩を追求しよう」(63)と述べた。ここから胡錦濤はさらに「文明の多様性は人類社会の客観的な現実であり、現代世界の基本的特徴かつ人類が進歩していく上での重要な原動力である……社会制度、発展モデルの差異は人類文明交流の上で障害となるものではなく、相互に対立する理由にもならない。我々は世界の多様性を積極的に維持し、異なる文明間の対話と交流を進め、相互に排斥しあうのではなく学習して、人類の友好と幸福、世界の彩りをますます豊かにしていくべきだ」(64)と述べた。「世界の多様性」と中国が一貫して堅持する「和而不同」「求同存異」は同じ流れであり、「和諧世界」構想の精髄であり、中国外交の核心の一つとなった。

「責任ある大国」も90年代中頃以降の中国政府が提起した重要な外交理念である。１９９７年アジア金融危機の際、中国政府は人民元の切り下げをしないことを発表し、近隣諸国へ経済援助を提供し、地域経済協力機構の構築と改善を呼びかけて「責任ある大国」としての名誉を勝ち得た。この後、「責任ある大国」論が中国政府にとって重要になった。２００６年、温家宝首相はハワード豪州首相が主催した歓迎の宴で「平和的発展を歩み、世界の平和と繁栄を進めよう」と題して次のようにスピーチを行った。「いかなる偏見もない人は、中国が自国の発展を追求すると同時に、国際社会における責任ある役割を実際に行動することで担う」(65)と述べた。すなわち「責任ある大国」との外交理念は、中国が現状を維持し、国際システムの安定を維持するとの明確なメッセージを伝えるものであり、また中国が国際システムに全面的に関与し、防衛的な国防政策を固守し、国際的な対テロ活動にも積極的に参加し、ＷＴＯへの加盟等のさまざまな分野について体現するものであり、「平和的発展の道」と「和諧世界」を補う有益なものとなった。

上述したように、中国の発展段階において、とりわけ国力が増大する際に、中国は一貫した文化・思想と外交哲学によって、平和と和諧を追求する外交政策と防衛的な国防政策を実施し、好戦的な現実主義者が断ずるような拡張的覇権追求型の政策はとらない。むしろ新中国成立以来、覇権主義に反対し、永遠に覇を称えずと中国は幾度となく表明してきた。協力、互恵と共同発展を主要な内容とする全く新しい外交理念を提起し、責任ある大国として次のように宣言した。中国は平和的発展による台頭をひたすら歩み、中国の台頭は世界平和と和諧に役立つものだ。

2. 認識と構築：中国と国際システムの相互作用

改革開放以来、特に冷戦終結後、中国は相対的に平和で安定した国際環境のもとで、ＧＤＰの急速な成長とそれに伴う国力の急速な向上を実現した。ただし、物的な実力の向上は中国自身の平和的性質や国際的な行動様式を変えてはおらず、中国は依然、平和と和諧を志向しながら、対外関係の処理においては慎重にかつ抑制的に行い、国際システムの安定に注意深く維持してきた。すなわち「物質」は「精神」のもとでこそ社会的な意味を帯び、中国が「平和的発展の道」を歩むのか、それとも拡張と覇権争いを求めるのかは、最終的には中国の選択にかかっていることを表している。平和と和諧を志向して国力が向上しているにもかかわらず、一部の国々は依然として中国を敵とみなしている。ただ、なかには徐々に改善して友好的になってきているものもあることを私たちは知るべきであり、中国は平和的発展の道を歩むとの意志をより一層強めている。

改革開放前であれば、国内外のすべては国際システムの枠外にあったが、改革開放後は国際システムや国際的なスタンダードを取り入れ、現代の国際システムを評価しつつ、速やかに取り込んだ。とりわけ現在の国際システムは中国の発展に大きなプラスをもたらし、その結果中国はその最大の受益国の一つとなった。したがって中国はさらに学習を進め、このシステムについての認識を深めた。例えば、改革開放以来、中国はさまざまな分野における多国間協力枠組みに加わったが、これもスタンダードについて学ぶ題材となった。とりわけ冷戦後、中国の国際システムへの参加の度合いおよび認識はさらに深まったが、冷戦終結以前の場合を仮に損得勘定に基づいていたものとするなら、冷戦後は軍縮、環境保護と人権などの、いわば価値志向的な分野での多国間・国際システムへの参加となっている。

台頭する大国として、中国の平和的発展の道と和諧世界も国際システムをより発展させる方向へ一定の影響を与えている。平和と和諧は武力を排除し、世界の平和と安全、相互信頼、相互不可侵、互恵と協力を守り、差異を尊重することで和諧と交流を進めるもので、これは現代における国際システムが価値志向的であることと本質的に符号し、また現在の国際システムに対する挑戦となるものではなく、むしろ支持するものである。さらに重要なことは、中国は台頭する大国として国際的な影響力がますます拡大しているため、平和と和諧も台頭する大国の特殊かつ効果的な伝わり方によって国際社会で広範な関心を得ており、国家間の相互作用から徐々に国際システムおよび国際社会に広く受け入れられる共通の観念へと発展する上で有益である。平和的発展の道の堅持、和諧世界の構築そして国際システムの発展を進めるために、中国の台頭は国際社会にとって重大かつ革新的な貢献となるであろう。

3．競争とウィンウィン：中国と国際社会との新たな関係モデル

「平和と和諧」への中国の関心と、中国の国際システムへの回帰とその維持については、現代の国際社会において遍く存在する幾多の競争があること、そして国際社会における無秩序状態について軽視したり、否定したりすることを意味するわけではない。一方では、中東和平への曙光はまだ見えず、朝鮮半島の緊迫した情勢はエスカレートを続け、テロリズムは依然として世界の平和と安定に対する重大な脅威であり、気候変動および環境汚染は各国に厳しい挑戦を突きつけている。他方、国際社会においてはこれら重大なグローバルな問題に対していまだ効果的な協力がなされてはおらず、かえって、関係国なかんずく大国間における競争が激化し、諸大国が地球規模また地域規模における政治と安全保障といった地政学をめぐる争いとなっており、また同様に世界金融危機後の各大国が経済的な権益争いおよび景気回復から生じる経済競争ともなっている。

現代の国際関係においては競争関係が長期にわたって存在し、無秩序状態もすぐには解消されない。これが中国の「平和的発展の道」と「和諧社会」構築における基本的な国際的な条件となっていることに疑問の余地はない。同時に、競争についても中国が国際社会のなかで、「平和的発展」を行っていく上で通る重要な道のりである。「改革開放」はいうまでもなく、近年の「走出去」戦略も、そしてWTO加盟も、中国が秩序だった国際的競争に参加する上で自国の国際競争力を向上させ、さらに根本的には自国の経済発展を進めていくことを強く提起しているのである。

注目に値することは、中国が提起する競争は政治的経済的利益についてのゼロサムゲームではないこ

とと、さらに中国の「平和的発展の道」と「和諧世界」は、健全な競争を通してのウィンウィンの実現という論理を内在していることである。「中国は一貫して相互に利益があるウィンウィン戦略を遂行しており」、「自国の発展によって地域および世界とともに発展を続け、お互いにとっての利益を拡大させ、自国の発展と同時に他国なかんずく発展途上国の正当な関心にも多角的に配慮する」[66]。同時に「国連憲章の趣旨および原則を遵守し、国際法および公認された国際規範を厳守し、国際関係における民主、友好、協力、ウィンウィンの精神を大いに発展させる。政治的には相互に尊重し、平等に協議し、国際関係の民主化を共同で推進する。経済的には相互に協力し、優位性を相互補完し、経済のグローバル化をバランスがとれた、ウィンウィンの方向へ向けて進め」[67]、とりわけ近隣諸国に対して中国政府は一貫して「協力とウィンウィン」を堅持しており[68]、「中国は他者の損害の上に自己の利益を決して築かず、また災いを決して他者に押し付けない」[69]と宣言している。競争とウィンウィンは中国の「平和的発展」と「和諧世界」構築が必然的に辿る道のりであるということができよう。

4．共同の発展と共通の利益：グローバル時代における中国と世界

上述の通り、中国はまさに現在の国際システムに対する評価と深い関わりを通じて、システムを守る立場になっていくための努力こそ中国が「平和的発展の道」を歩み、台頭していく上で重要なことだ。構成主義の観点によれば、立場が利益を決定する。グローバル化が進んだ国際社会にあって、システムを守る立場として、中国の国益はすでに自国の利益に限定されるものではなくなっており、国際システ

ムの他のアクター（行為主体）との共同の発展とそこから生起する共通の利益こそ中国が追求する目標である。すなわち、国際社会における各国との共同の発展と共通の利益の拡大が、中国の「平和的発展」の鍵であり、さらには中国が追求する「和諧世界」の構築のあるべき意義である。

近年来、政府および政府指導者は多くの重要な場面で「共同の発展」と「共通の利益」について詳しく述べてきた。例えば２００２年中国共産党第16回大会報告で提起されたように、中国外交の主旨と目標は「世界平和を守り、共同の発展を促進すること」である。「我々は各国の人民とともに、世界の平和と発展という崇高な事業を共同で進めていきたい」[70]のである。「共通の利益」に関しては、同報告では「我々の主張は歴史の潮流に順応し、全人類の共通の利益を守ることである。我々は国際社会とともに、世界の多極化を積極的に促進し、多様な勢力との調和のとれた共存を進め、国際社会の安定に努力していきたい。経済のグローバル化を共同の繁栄へ向けて積極的に進め、有利なものをとって害を避け、各国とりわけ発展途上国も受益者となるように」と提起している[71]。２００５年9月、胡錦濤主席は国連創立60周年記念特別首脳会議で「恒久平和と共同で繁栄する和諧世界の建設に向けて努力しよう」と題してのスピーチで「共同の発展」を豊富な含意のある「和諧世界」に明確に含めた。この後、白書「中国の平和的発展の道」で次のように再度言及した。「中国の平和的発展は経済のグローバル化の発展という流れに沿うもので、各国との互恵とウィンウィンおよび共同の発展の実現に努力するものであり[72]、国際関係においては、各国人民の共通の利益から出発し、共通の利益の拡大に努力し、コミュニケーションを通して相互理解を深め、深まった理解を通して協力を深め、協力の深まりを通してのウィンウィンの実現を堅持していくべきである」(73)。第17回大会報告では重ねて次のように言及している。「我々は自国の発展によって地域と世界の共同の発展を進め、お互いの共通の利益の拡大しつづけていく(74)」

グローバル化の時代にあって、中国は平和的発展の過程で「共同の発展」と「共通の利益」が有する深い意義を提起した。まず経済のグローバル化の推進は各国の経済的相互依存の進化を導いており、各国の利益には大きな関連性があり、一方が栄えれば他方も栄え、一方が衰えれば他方も衰える状況になっている。すなわち各国経済の共同の発展は、根本的には自国経済の持続的成長あって保障されるもので、国家間の共通の利益の拡大あってこそ一国の利益も得られる。このように国際社会の恒久平和を進めることこそ、中国の平和的発展にとって有利な条件となるのである。

同時に、世界各国が「共同の発展」を進め、その「共通の利益」の拡大を促すことも中国が「平和的発展」を実現し、「和諧世界」を構築する必然的な道のりである。「中国は対内的には和諧の発展を堅持し、対外的には平和的発展を堅持する。この両者が密接に関係し、有機的に一体となって、恒久の平和と共同に繁栄する和諧世界の建設に役立つ」(75)。このことからわかるように、各国の共同の発展こそ国際社会の平和と安定の実現に寄与するものであり、各国の共通の利益の不断の拡大こそ「和諧世界」の構築をすすめていくことができる。同時に、「共同の発展」と「共通の利益」の提起を通して、中国もある程度、中国の急成長に対する他国からの懸念を緩和でき、中国の発展によって他国との共同の発展をもたらすことができ、中国と国際社会には利益の一致はあっても衝突はなく、中国の「平和的発展」の過程が、「和諸世界」の構築に寄与することは疑いないのである。

「共同の発展」と「共通の利益」は中国の対外関係の上で重要な指針となった。近隣諸国と多くの発展途上国に対しては、中国はとくに「共同の発展」を強く提起する。すなわち中国の発展によって他国の発展を促進させ、貿易摩擦などの問題を適切に処理し、そして協力および互恵を通して経済上の共同の発展に尽力する。中国はAPEC、上海協力機構そしてASEANプラス3へ参加し、大メコン圏地域（GMS）協力と中国ASEAN間のFTAなどの経済協力枠組みを結ぶとともに、国連ミレニアム開発目標の実施そして発展途上国向けの多様な経済援助の提供もすべて中国が共同の発展、共通の利益を進めるための外交政策である。覇権国である米国および西側の大国に対して、中国はグローバル化を背景に絶えず拡大する「共通の利益」、すなわちパートナーシップの構築および協力を強化し、共通の利益における新たな成長点の追求を通して、自他の間にある利益の一致を際立たせ、他国に中国が現秩序に挑戦するわけではないとの意図を伝え、さらに根本的には自国の台頭によって他の大国との対立や衝突の可能性を効果的に減少させると強調している。近年来、中国と多くの西側の大国はパートナーシップを構築しており、例えば中露間の「平等、信頼の21世紀に向けた戦略的協力パートナーシップ」および中仏の「全面的戦略的パートナーシップ」、中米の「共通の挑戦に対応するパートナーシップ」などがあり、中国も対テロ、核拡散防止、環境保護、貧困撲滅などで、西側の大国と共通する利益や協力できる分野をしっかりと拡大した。

上述のように、中国が近年提起した「共同の発展」と「共通の利益」は中国による平和的発展への追求、責任意識、和諧世界を構築する上での重要なモデル、そして大国における政治的悲劇を回避するための基本的な道筋を明らかにした。一つは他国とともに共同の発展と共通の利益を追求すること、もう一つは国際システムテの安定を守り、世界の進歩を進めることである。

第二章　中国の「平和的発展」と国際秩序

「平和的発展の道」は中国の30年余りに及ぶ改革開放と全方位外交を経て提起されたものだ。この30年余りで国際社会に置ける中国は「国際システムの外にあって革命性を有していた国」から、国際システムに責任を持つ国へ、さらには「国際社会の安定を守る発展途上国」へと大きく変容した(1)。

一、中国の「平和的発展の道」が国際秩序にもたらすチャンス

一国の発展の道のりには国際社会におけるさまざまな枠組みや全般的な状況があり、中国の「平和的発展の道」も現在の国際秩序との相互作用の上で密接な関係がある。いわゆる秩序とは、「ある種の原則の下、多くの異なる配列や組合せが全体のなかに位置づけられるとともに、一定の順序によって進行するもの」(2)を指す。国際秩序とは国際関係におけるアクター間で一定の目標をめぐって、ある種の利益に基づく相互作用によって形成される国際行為規範およびそれに対応する保障メカニズムである。

1．現行国際秩序の特徴

国際秩序とは国際関係分野における「ルール・オブ・ゲームズ」であり、国際規範、国際条約、国際的慣例、国際組織等を包括するものである。これら行為規範と保障メカニズムが良好に機能していれば、

世界全体が秩序のもとに発展するが、そうでない場合は、世界全体に混乱や無秩序状態が現出する。すなわち国際秩序とは国際関係のさまざまな力による争いの産物であり、世界各国がこの国際競争に参加せねばならず、否が応でも「ルール・オブ・ゲームズ」にしたがって事を進めていかざるをえない。冷戦後、国際政治における多極化および経済のグローバル化の流れに合わせるため、主要国はそれぞれの新国際秩序を次々と主張した。国際秩序は再建期にあり、結局新たな国際秩序はそれぞれの実力にしたがって最終的に確立されたといえよう。

2. 国際秩序への参加と建設

中国は現在の国際秩序に積極的に参加かつ建設する。

歴史を振り返れば、二度にわたる大戦を経た中国は主要な大国として戦後秩序の構築に直接参加したものの、1949年の新中国成立後の20年余りは米ソ両超大国および国内の極左思想による制約のために、国際社会の中心から離れて孤立した状態にあり、国際秩序の主流から外れていた。

1971年10月、国連における中国の代表権が認められ、安全保障理事会常任理事国となったことが、中国と国際秩序との関係が根本的に変わる契機となった。この後、中国は国連諸機関に続々と加盟または再加盟を果たしてからは、安全保障、経済、法律、科学、文化、教育、人口や衛生などの分野で国際機関と幅広い協力を行ってきた。1974年、鄧小平副総理率いる代表団は第6回国連特別総会（原料及び開発の諸問題の検討：通称国連資源特別総会）に参加、他の発展途上国とともに「新国際経済秩序の樹立に関する宣言」「行動計画」および「諸国家の経済権利義務憲章」を採択した。この総会は後に「新国際経済秩序の樹立」で世に知られることとなったが、発展途上国による新たな国際経済秩序樹立へ向けての戦いが始まったのである。またこの総会で中国は自国を「社会主義国であり，また発展途上国でもある。中国は第三世界に属している」(3)と規定した。全体として、当時の中国と国際秩序との関わりは回復期にあたり、中国にとっては国際社会について試行錯誤する時期であった。その特徴などについて十分に熟知していなかったために、国際社会に対する懸念や自己防衛的な心理状態があったものの、次第に受け入れて、認知していったのである。

70年代末までは、改革開放および「経済建設中心」を基本的な国策として実施するに伴い、中国の国際戦略は重大な調整を行うとともに革新を進めていくことで、国際秩序との関係に重大な変化が生じ、国際社会に深く関わることとなった。この段階で、中国はほとんどすべての重要な国際条約に加盟し、政府間国際組織に参加している。戦略の重点においては、以前の国際秩序に対する革命的改造を強調する戦略から対外開放戦略へと転換して、対外的な関与の核心では中国の経済建設を主軸とし、改革開放のための良好な国際環境づくりに尽力することを強調した。国際社会へのこうした中国の積極的な関与によって、中国への積極的な評価が高まり、政治、経済、社会などの分野で国際社会からの肯定的なフィードバックや支援を得て、改革開放の発展プロセスを確かなものとした。これは中国と国際社会との関係性が好循環をはじめたことを意味するものである。

冷戦後、国際情勢の変化と国力の強化に従って、中国は国際秩序における単なる受益者また傍観者の位置から、より能動的な参加者また建設者へ変わっていった。両極構造の終わりによって、国際政治におけるパワーバランスや国際秩序にも相応の変化が起きた。一度は試練と挑戦にさらされたものの、中国は改革開放政策をやり抜き、考え方を変えていくことで、国際社会へ関わっていく上での主観的な障害を取り除き、「国益」の再検討を通して、中国と国際秩序の間でかつてない相互協力関係を明確にした。国際秩序の変化は中国が発展する上での条件を創り出し、「平和、発展、協力」を中国外交の方針とすることによって、国際秩序における受益者となるだけでなくステークホルダーにもなるようなり、かつ国際秩序との相互作用で中国の国際的地位と役割が高まり、国際秩序が発展途上国の発展にとって好ましい方向へ進むようになった。他方、人口や領土、資源、動員能力のうちどれをとっても中国の規模の大きさは周知であり、「中国が世界に与える最善の影響は自国の改革と発展」(4)である。中国の急速な発展は世界の発展にとって新たな活力となるものであり、国際秩序の安定に寄与するだけでなく、その改善にとっても建設的な貢献をなしうるものである。

さらに重要なことは、この段階において、中国はハード面における関わりを通して日増しに強まる国際秩序への先行きに対して影響を与えるのみならず、ソフト面、すなわち思想のレベルでも国際秩序の発展にも影響を与えていることだ。国際秩序はこれまでもバランス・オブ・パワーの産物であり、またイデオロギー同士が衝突する場でもある。早くも1988年には、鄧小平は国際情勢を科学的に分析した上で、「現代の世界には次の二つの新秩序を同時に構築する必要がある。一つは国際政治であり、もう一つは国際経済である」(5)と述べている。90年代初頭から、政府は公正で合理的な新国際秩序の構築を中国外交における重要な政策とし、2005年に提起された新たな理念「和諧世界」を「恒久平和、そしてともに繁栄する世界」と定義した。すなわち世界の平和の実現と世界の発展を促進する指導原理であり方法論を革新的に統合したもので、中国の国際秩序観を映すものである、中国の「ソフトパワー」による国際秩序を再構築する試みを表していた。

上述のように、この数十年で、中国と国際秩序との関係性は対立から傍観から接触、融合へ、さらに積極的に参加し能動的に構築していく関係へと発展していき、その変化の速度および規模において世界を瞠目させるものであった。しかるに、国際秩序の主導権は依然として西側諸国の手中にあり、そうした西側諸国は中国の急速な台頭について懸念を抱いている。つまり一方では中国における自国の利益を確保するため、また中国の発展を自国の利益に合致させるように、西側の主要国は中国との交流を強化し、西側が主導する国際秩序への融合を積極的に進めている。そして他方では、彼らの視点からは、後発国の台頭には必ずパワーシフトを伴うものであり、そのパワーシフトは彼らの保持する既得権に対する挑戦を必ず伴うものであるため、中国の隙につけ込み、世論とさまざまな制度を利用して、中国の将来の発展に対して制約を課し、中国の対外政策を制限しようとする。これらはともに異なる問題や分野によって次々と現れることで、依然として中国と国際秩序の関係における不安定要因となっている。まさにこのような背景のもとで、中国と国際社会との関係の変化を一層正確に反映するため、中国政府は2004年に、「平和的発展の道」を真摯に歩むことを明確に提起したのだ。その核心は世界平和の好機を十分に活用し、自国の発展と強化に努めると同時に、自国の発展によって世界の平和を守ることであるが、これは絶えず成長を続ける自国についての認識を反映している。「平和的発展の道」とは中国にとって、現行の国際秩序から帰結する必然的な選択であり、かつ中国が進める国際秩序の改革の拠り所であり、また活路なのである。

3．中国の「平和的発展の道」とチャンス

現在の国際秩序の動きからすれば、中国の「平和的発展の道」は今世紀初頭においては、戦略的チャンスであるといえよう。２００２年、第16回党大会報告では、中国にとって21世紀の最初の20年は、「重要な戦略的チャンス」であり、これをしっかりと捉えて、活用しなければならないと提起している。このチャンスとは時間および空間の双方において有利な状態を指す。国家の戦略的チャンスとは、国の全域におよぶ長期的な発展によって起きるポジティブな影響であり、また戦略的意味における時機、条件および要素等である。チャンスの出現とは、往々にして客観的な条件および環境によって起こるものであり、「好機を失うべからず、時はまた来たらず」である。こうしたチャンスをしっかりと掴むことができるかどうかは、国家的な戦略的思考における自発的な積極性に拠るところが大きい。

現行の国際秩序における平和的な潮流は、中国の「平和的発展の道」にとっては有利である。地域的な紛争や種々の不確定要因は引き続き存在するけれども、21世紀に入ってから国際秩序は比較的平和で、安全かつ安定的で、地球規模での政治的および軍事的対立はもはや存在せず、国際関係の相互依存はますます進み、予見しうる範囲では引き続き平和的な方向へ向かって進んでいる。国際的な競争の重点は

すでに経済力を中心とする総合的な国力をめぐるものへと移りつつあり、国際関係における経済の占める割合は明らかに高まっており、政治関係の経済化と経済関係の政治化という傾向はいよいよ加速し、国際関係における政治的要因と経済的要因はこれまでにないくらい密接に繋がってきている。各国が得た冷戦の教訓とは、一国の国際的地位を評価する重要な尺度は経済力であり、21世紀の世界で一角を占めたいのなら、経済の発展に尽力しなければならない、ということだ。こうして各国が平和を守っていくなかで共通の利益がますます大きくなり、新たな世界的な戦争が勃発する可能性は大きく低下し、地域的な衝突が大国間における軍事的対立へといたる可能性も基本的にはなくなってきた。経済的なグローバル化への流れは平和を渇望する世界各国の市民たちにとっての有利な条件を創り出しており、対話と協力を旨とする新安全保障観をすすめて、より多くの国家から賛同を得、中国の戦略的なチャンスを得る上で、好適な環境を創り出している。

現行国際秩序の発展の潮流は、中国が「平和的発展の道」を行くためにはふさわしいものである。「発展」は現在の国際社会における共通のテーマである。冷戦終結後、世界経済は以前の「東西対立」から、もっと大きな、経済それ自体の運動の法則で発展を遂げるようになってきている。科学技術は日進月歩の勢いで進化するにともない、科学技術と経済が大幅に発展する新しい時代を迎えていた。世界経済全体のレベルが急速に向上し、人類社会の発展プロセスも大いに加速して、いかなる国家も時代の潮流とともにありたいと希望するならば、「発展」を非常に重視しなければならなくなった。多くの発展途上国にとって最も重要な任務は経済成長であり、先進国の繁栄および優位にとっても経済の持続的な成長が必要である。かつて60年代において、経済成長のみを追求した結果、生態バランスを崩し、資源不足が深刻化するなか、国際社会が直面したのは、経済、社会そして自然環境における持続的発展を模索することだった。この発展のチャンスに、中国における市場、労働力そして産業規模における優位性と、先進国の技術およびマネジメントにおける優位性が結びついて、高い競争力ある経済成長へのバネが形作られ、中国の「平和的発展の道」の土台が構築されたのである。

現行の国際秩序における協力というトレンドは中国の「平和的発展の道」にも有利である。人類は相互依存の時代にあってともに生を営んでおり、国家間においてはある共通の目的のために部分的または全体的に協調し、国境を越える国際協力を国際的な協調を強めながら拡大してきた。平和と発展という世界的な潮流が強まるなか、政治、経済、軍事、文化、科学技術、スポーツなどの多くの分野で進んできた国際協力は世界各国で自国の生存そして繁栄のために徐々に一般的に行われるようになった。経済のグローバル化の波は国際協力のプロセスをさらに不可逆的なものにし、また各国の利益が相互に密接に関連するようになった。国際的な競争は依然として熾烈を極めるものの、競争自体も徐々に秩序立ったものとなってきたが、これは国家間関係がもはや「ゼロサムゲーム」ではないことを示している。同時に国際社会は多くのグローバルな問題に直面している。生態系のバランスが崩れ、テロリズムが猛威を振い、エネルギーおよび資源が不足し、エイズが猖獗を極めるなど、人類の生存に関わる重大な問題が次々と現れており、客観的には国際社会におけるこれらの挑戦に対する協力の強化が求められている。ロバート・コヘインは次のように指摘している。「いかなる形式の国際協力およびこうした協力で、どのような目標を達成するためでも、おそらく人々には論争が必要であろう。ただ、全く協力のない世界というものも、たしかに非常に重苦しいものであろう」(6)。こうした力も秩序もある国際協力という環境こそ、中国の「平和的発展の道」に十分な空間を提供するものだ。

二、中国の「平和的発展」による公平かつ合理的な新国際秩序の構築へ

国際秩序はある程度において、世界の主要国が各自の願望と理念を基におこなう実力競争であり、その国際的な権力配分がある種の規則と化したもので、主要国の外交戦略および価値観が矛を交える場でもある。冷戦終結後、世界のパワーバランス上の新たな変化かつ時代の進歩に伴い、新たな国際秩序の構築は中国を含む多くの発展途上国の願望であるだけでなく、ヨーロッパ、日本などの先進国および地域が主張するところでもあり、また同時に唯一の超大国である米国の戦略構想に合致したものである。しかし新国際秩序について国によって理解もそれぞれ異なり、さらにそのやりとりもまたそれぞれ異なってくることから、民主的で公平かつ合理的な新国際秩序の構築は依然として前途多難である。

1. 新国際秩序の構築におけるさまざまな主張と観念

新国際秩序構想は二極構造の間隙を縫って発展途上国が徐々に台頭するなかで構築されてきた。近現代の国際関係史上で相前後して現れ、強権的であからさまな覇権主義的色彩がないものはなく、大国が世界を支配し、力で弱小国を抑圧し、大多数の国および民族は不平等な地位に従属させられた。第二次

世界戦争後、国際社会は根本的に変化し、国は大小、強弱そして貧富を問わず、すべて平等であるとの基本原則が世界各国から尊重され、また認められた。この前提の上に、50、60年代には民族解放運動が次から次へと起こり、多くの発展途上国が政治的および経済的独立を獲得した。これら発展途上国が政治的独立、経済発展する上でなされた大変な努力によってヤルタ体制を基礎とする戦後の国際秩序が構築された。発展途上国はこれまでの国際秩序を変えるために不断の闘争を行った。アジア・アフリカ会議（バンドン会議）、非同盟運動、77カ国グループ、そして石油をめぐる戦争などを通じて旧秩序に対して衝撃をもたらすとともに、１９７４年の国連資源特別総会（第６回国連特別総会）で「新国際経済秩序樹立に関する宣言」と「行動計画」との二つの重要な決議を後押し、公平、合理的かつ平等な新国際経済秩序の構築を目指した。80年代中半以降は、国際情勢では新たな変化が続けて現れ、両極構造は解体し始めた。こうして新旧の秩序が交代するにおよんで、鄧小平は、その戦略家としての遠大な卓見で、まず新たな国際政治秩序の構築を提起したが、これは時代のニーズ、そして歴史的必然を反映するものであり、発展途上国から強い共鳴を引き起こした。多くの発展途上国はこの二極構造の解体を契機に、「平和の配当金」を分かち合い、国際関係における覇権主義や強権性から脱却し、国際関係の民主化、そして平等で独立し、互恵的な基礎の上に新たな国際行為規範の構築をすすめた。

発展途上国による新国際秩序構築への努力を軽視し続けていた先進国側は、90年代に入ると、ソ連の解体によって国際政治のパワーバランスが崩れるに伴い、新秩序構築の問題を冷戦終結後の戦略構想として速やかに組み入れた。根強い文化的な優越感と現実的利益の必要性から、冷戦終結後に西側諸国はいわゆる資本主義制度による勝利との論調を広く宣伝した。フランシス・フクヤマは「歴史の終わり」を提起し、東ヨーロッパの急変、ソ連の解体に伴い、資本主義制度および価値観への挑戦がついに終わったとし、自由・民主主義がイデオロギーの最終地点であり、統治における最終形態となるかもしれないと述べた。冷戦後に流行した「民主的平和論」によると、第二次世界大戦以降の国際関係では「民主」国家による開戦は非常に少なく、「民主」国家間で対立や摩擦が発生したとしても、武力行使はやはり非常に少なく、平和的な方法で解決されたという。ハンティントンの「文明の衝突」では表面的には異なる文明間の差異と矛盾に着目しているようにみえるが、実際には西側以外の文明からの挑戦に対する西側の極度の不安を反映したものであろう。こうした「欧米中心主義」の諸理論によると、冷戦後における米、日、ヨーロッパの各先進諸国の新国際秩序観は本質的には同質といえる。これらは一様に西側の利益を基点に構築されたものであり、西側主導によるイデオロギーや価値観の構築を目標とする国際新秩序である。しかし、その方法論については、意見の相違があり、主に超大国である米国のずば抜けた実力を基礎とする国際秩序なのか、または西側の主要国を中心に多角的な協議を通して守る国際秩序なのか、という点にある。西側諸国の新秩序構想では多くの発展途上国の地位については基本的に看過されており、依然として強国、富める国が弱国、貧しい国をコントロールする状況にあり、実質的には依然として平等ではない従来の秩序の継続といえよう。

冷戦後のロシアはかつてのソ連のような超大国の地位になく、政治面では民主主義に向かい、経済面では世界の変動に関与するための転換過程にあり、米国と全面的に対抗するだけの能力も意図もみえない。1999年のコソボ紛争で米国の単独主義に脅威を感じたロシアは、再び大国としての立場を強調し始め、「現代世界とその利益の多様性を真に反映できる多極的な国際関係システムの構築に尽力」(7)を提起し、ロシアは新国際秩序において一角を占めようとする大国であると表明している。

90年代以降、発展途上国の多くが自国の経済で構造調整を進め、経済体制や発展モデルをめぐって模索しており、国際政治経済新秩序構築の問題は依然として発展途上国における重要な戦略的課題であった。経済のグローバル化の進展に直面し、先進国は自国の利益維持という観点から、いっそう発展途上国との関係を重視し始めた。インド、ブラジル、メキシコ、中国など発展途上大国の世界経済における地位は徐々に向上し、先進国の経済的優位を相対的に弱めたことで、南北経済関係においては対立と相互依存が共存するようになった。従来の南北関係もこれまでの画一的な経済的内容から脱却し、政治的問題が徐々に目立ち、人権、環境などに関する新たな問題もますます突出し、さまざまな階層と分野へと広がりつつある。しかし、強い「北」と弱い「南」という全体構図では、発展途上国は南南協力の強化、地域経済・グループの立ち上げ、地域を越えた対話を通して自国を発展させようとするものの、新国際秩序を構築することと実効ならしめることには大きな違いがある。科学技術およびイノベーション創出のレベルがますます大きな役割を担うに伴い、発展途上国は国際政治経済において先進国と立ち並ぶことができず、とりわけ世界経済における平等な参画および決定が確保されないでいる。現在、発展途上国のなかでも分化が加速している。ある国家は見事な経済成長を実現、実力も先進国に接近しつつあり、先進国と密接な利益関係を築いた。またある国は工業化を実現、巨大な潜在力を有し、先進国とは協力関係と同時に競争関係にある。さらにある国は経済のグローバル化のプロセスで「辺境化」の苦しい立場に直面、前途多難である。このような「分化」が発展途上国と先進国をめぐる全体の構図に影響を及ぼしており、発展途上国による新国際秩序構築のプロセスをより複雑にしている。

2.「和諧世界」が体現する中国の国際秩序観

中国の新国際秩序構想は鄧小平が80年代末の国際情勢をもとに提起したものである。90年代には江沢民が中心となって党の第三代中央指導体制によって全面的に発展させ、中国の国際秩序観の内容が豊富になるとともに、新国際秩序構築の推進へさらに注力された。今世紀に入り、新国際秩序戦略はさらに向上し、新たに「和諧世界」論が提起され、さらに「恒久平和、そして共に繁栄する世界」について定義された。これは中国が人類史という観点から公正で、合理的かつ友好的、そして包括的な世界を追求するとの試みであり、和諧という悠久の文化および伝統、「平和共存五原則」後の対外政策における指導的な基本原則を受け継ぐものである。２００5年9月、胡錦涛主席は国連創設60周年特別首脳会議で、和諧世界について次のように詳しく述べた。「社会制度や発展する道のりについて各国が自主的に選ぶ権利を尊重すべきであり、相互に参考にすることはあっても、意図的に排斥しあうのではなく、長所を取り入れ短所を補うあうものであって、どれか一つだけが正しいのではなく、各国は自国の実情を踏まえて発展していくべきである。異なる文明間の対話と交流を強化するべきであり、競争し比較するなかで長所を取り入れ短所を補い、『求同存異』の下、ともに発展し、互いの不信や隔たりを取り除き、ともに人類のさらなる友好、より色彩に富んだ世界を築いていくために努力すべきである。平等で開放的な精神で、文明の多様性を守り、国際関係の民主化を促進して、異なる文明が共存できる和諧世界をともに構築していくべきである」(8)。

「和諧世界」では中国政府と人民の新世紀の国際秩序についての希望が表されている。同時に、国際社会への責任ある大国としての意欲と抱負を伝えるものである。英国の国際政治学者バリー・ブザンは中国の台頭について次のように分析した。「中国の台頭はただ西側が開いた世界秩序への適応にすぎないのか、それともそれ以上のものか。ただ自らの地域のみを基盤とするものなのか、それとも世界規模でのより大きな役割を担おうとするものか。もし後者であるとすれば、どのような価値を広めたいのであろうか」(9)。「和諧世界」論では、ハードパワーの発展と強化のみならず、国際社会で普遍的に評価されている公平、民主、秩序などの価値観を伝え、その実現に努力していることについての関心も表明されている。まさに第27回党大会報告で指摘しているように、「多国間枠組みで引き続き積極的に取り組み、応分の国際的責任において建設的な役割を担い、国際秩序がさらに公正かつ合理的な方向に向かって発展するよう推進していく」(10)のである。

「和諧世界」論の内容を見ていくと、第一に、世界とは相互依存しながら、対立しつつ一体となったものであり、国際社会では協力によって紛争を解消し、合理的で安定した国際秩序を実現するものであること、革命的な手段によって現行の秩序に対して挑戦および転覆を図るようなものではなく、積極的に関わることで、国際秩序における不合理な部分について漸進的に改善する。第二に、世界各国で公認されている国際法における諸原則と国際関係規範に基づくべきであり、国家主権の平等、相互不可侵、内政不干渉、平等互恵、平和共存などの原則を厳守し、新たな民主的な国際関係を構築する。第三に、大小、強弱、貧富を問わず、国際社会においてそれぞれの主権国家は平等である。各国は自国の実情に基づいて権限を有し、自国の発展の道を独立して自主的に選び、いかなる国家も自国の価値観、イデオロギーそして発展モデルを他国に強要するべきではない。第四に、国際的な問題解決には各国がともに努力することが必要と捉えており、各国人民の共通の利益という観点から、お互いにとって利益となるポイントを努力して拡大し、「求同存異」、平等に関わり、協議を通して理解を深め、理解を通して協力を強め、協力を通してウィンウィンを実現していく。第五に、異なる文明、民族、宗教の多様性を十分に尊重し、平等かつ開放的な精神で世界の多様性を守り、文明間対話および交流を強化し、差異を尊重し、互いに学びあっていく。多様性とは人類文明の発展にとって重要な源泉であり、長所を取り入れ短所を補って友好的であってこそ、異なるものでも受け入れる共存可能な国際協力関係を構築することができる。

「和諧世界」論は中国の伝統文化に根ざしたものだ。中国の五千年余の文明史において、「和」は核心的な価値として尊重され続けてきた。「政通人和（善政は人心を和らげる）」は古代の指導者たちが求めてきた理想で、古代の典籍に多くの関連する記述がある。「論語」の冒頭「学而第一」には次のようにある。「礼の用は和を貴しと為す。先王の道も斯れを美と為す（「礼」の働きとして「調和」がある。昔の王も調和をもって国を治めることに長けていた）」、すなわち和諧こそ治国のための最高の規範である。「礼記・

中庸」では、「中和を致して、天地位（くらい）し、萬物育す（この中和を致す先にこそ、天地が在り、万物の生成化育が有る）」と記されており、和諧によってこそ、天地も正しく、万物を育てることができるとみる。「尚書（書経）」では「協和万邦（万邦を協和せしむ）」の思想が述べられ、善隣友好・交際の上での原則を提唱している。「和」の文化のもつ潤いと滋養を深く受けた中華民族は平和を心から愛し、調和を尊ぶ民族性をかたちづくり、和諧世界を建設する上での文化的基盤をつくった。現在、中国政府は国内においては和諧社会、対外的には和諧世界の建設に注力しており、日に日に加速するグローバル化において生じるずれや不均衡に直面するなか、中国の伝統文化・思想の精髄をあくまで継承および発揚し、「和」の文化を新しい時代において新しい生命力へと煥発させ、そうして健全で、バランスのとれた、持続可能な発展を実現できる、グローバル化のために資する知恵を提供するのである。

同時に、和諧理念は決して中国文化の占有物ではなく、世界各国そして他の文明のなかにも異なるすがたで存在していることから、人類の普遍的な価値をある程度体現しているといえよう。多様性こそ世界の本来のすがたであり、国家間、民族間、地域間において差異があるのは必然である。「文明の衝突」の提唱者であるハンティントン教授が指摘しているように「世界には単一の普遍的な文化など現れるはずもなく、多くの異なる文化と文明が共存するのみである」(11)。いうまでもなく現代世界は相互依存したグローバル化の時代であり、異なる国家、異なる民族が相互に尊重し、交流する上で、例えば和諧、協力、平等、公正などのような普遍的に認められた価値の原則および基本的な精神というものが必ずやかたちづくられていくであろう。これらの普遍的価値は国際社会になくてはならない共通の目標や評価基準を提供した。そのなかで、「和諧」は人と自然、人と社会そして人と自己について関係を調整する重要な理念として、世界の多様性を尊重し、かつ多様性のなかで合理的な相互関係を模索するものである。

「和諧世界」論の革新性によって世界平和を実現し、世界の発展を促す指導原則および方法を適合させ、中国の世界秩序観を全面的に反映し、中国の対外戦略の思想および価値観を体現し、「中国は対外戦略における理想主義と現実主義をともに結合させることで、新しい段階に至る」(12)、和諧世界の構築は中国が今後も長きにわたって採る戦略であろう。

3．中国の「平和的発展」の実践が新たな国際秩序の構築を推進する

前述したように、国際秩序の構築とは各国の力が分化と結合を続けた結果であり、それぞれの価値観および政策が交わる過程でもある。すべての国家にとって、国際秩序は抽象的な存在ではなく、一国家が国際社会に軸足を置く外部環境を如実に構成するものである。21世紀における国際秩序の構築は一朝一夕にできるものではなく、時代の変遷や人心の向背も国際秩序の形成に影響を及ぼすものだ。中国の「平和的発展の道」は自国の国力と国際環境に基づいての現実的な選択であり、中国が探し当てた、時代の潮流に合致し、また避けては通れない一筋の復興の道なのである。逆に、急成長する発展途上の大国として、中国の「平和的発展の道」は新たな国際秩序の構築にとって独特の効果がある。

19世紀以前の二千年余の間、中国は世界最強国家の一つだった。１８４０年以後、中国は世界列強の

分け取り対象に成り果てた。中華人民共和国成立後、中国は民族の独立を獲得し、総合的国力は大幅に発展したが、復興には時間を要した。改革開放以降、内外の政策の核心は中華民族再興の実現であった。一国の台頭とは一国が短期間で世界的な影響力と地位を得ることであり、すなわち全体的な国力が急速に高まるとともに国際競争力が不断に強くなることだけでなく、世界のパワーバランスおよび国際関係におけるルール・オブ・ゲームスに対しても重大な影響を及ぼすことができることでもある。30年余り、中国の改革開放は著しい業績と豊富な経験を得て、「平和的発展の道」こそ中国的特色のある、内外の情勢に適合した大国としての復興への道であることを実践を通して証明してきた。

「平和的発展の道」を広めることは、新しい国際秩序がもはや少数の大国が支配する秩序ではなく、世界の多様な力の台頭を反映するもので、平和と発展への力が増した新しい秩序を意味している。復興を実現する過程で、中国は決して国際社会のただの受益者になるのではなく、大国としての義務を履行することで国際社会への貢献に努力していく。「平和的発展の道」自体に中国が責任を担う国家であるとの位置づけが含まれ、「和諧世界」論とは「中国が責任ある大国として世界の平和と発展を守る上で積極的に公にし、政治的に保障するもの」である(13)。この提起により、中国は未来を担う国際的責任についても自信を備え、能力をさらに強めた。国際社会における責任とは実力に基づくものである。近年、中国の国力が安定して成長するに伴い、より多くの国際的責任を必ずや担うであろう。世界で最大の人口を有する国家として、社会主義の道を歩む大国として、国連安全保障理事会常任理事国における唯一の発展途上国として、中国が国際関係においてより多くの責任と義務を負うことは当然であろう。そのため国際社会も中国が国際関係においてより大きな役割の発揮を期待し、特に中国に発展途上国のためのさらなる代弁を望んでおり、中国の成長によって発展途上国の発展にもチャンスをもたらすことを希望している。

中国の「平和的発展の道」は恒久平和と共通の繁栄の構築を和諧世界の目標とし、国際秩序の進歩のために必ずや積極的に貢献するものである。理論的には、「平和的発展の道」と「和諧世界」論の提起はともに中国の国際戦略思想上の重大な発展である。実践を通じて、中国は自国の「平和的発展の道」によって和諧世界の実現を推し進めている。「和諧世界を構築することは私たちが『平和的発展の道』を歩む上で必ず求められるものであり、私たちが平和的発展を実現するための重要な条件でもある」[14]。中国が新たな国際秩序を形づくるということは、積極的に関わっていくことで国際秩序における不合理性を改善することであって、革命的なやり方で現行の国際秩序へ変更を迫るものではない。「平和的発展の道」は平和、発展、協力を旗印に、世界の多様性を提唱し、平和共存五原則に則り、国際秩序を合理的で公平かつ公正な方向へ漸進的にすすめていくものである。

これまで、「主権国家間の合意に基づいて国際秩序が構築されてきたが、結局最強国の利益が反映されてきた。ある意味で国際秩序とは大国によって決められ、あるいは、その他アクターによって自律的に決められてきたことで部分的には理解できる」であろう[15]。冷戦後、経済のグローバル化、地域化および世界の多極化の進展に伴い、国際関係の民主化という思想は次第に国際社会における普遍的な価値観となってきた。冷戦時代と比べて、多くの発展途上国はさらに発言権を獲得し、アフリカ連合、Ａ

SEANのなどの南南協力といった地域化のプロセスを通じて競争力と引きつける力を示してきている。特に注目に値することは、発展途上国の経済的成功が、西側の大国の主導的地位に衝撃をもたらしたことだ。国際関係の規範や行為規範といった観点からはいうまでもなく、国際権力構造におけるパワーの変遷という視点からでも、新たな国際秩序というものは、一国はもとよりごく少数の大国の意志のみを体現するようなものではありえず、国はもとより多様なアクター相互による競争、相互に制約、相互に妥協や譲歩した結果というべきものになるべきである。

「平和的発展の道」が提起する国際秩序観とは、中国の対外政策における基本的な構想および指導原則の延長線上にあり、中国自身が繁栄し、そして構築する平和的、民主的、和諧（調和）した国際社会からなるもので、中国の対外戦略の目標や位置づけを全面的に向上させるだけではなく、時代の潮流に即し、国際社会で圧倒的多数を占める中小国家の願いを反映するものである。新世紀に入って、平和的発展という時代のテーマとグローバル化のうねりが強まっていくにつれて、公正で合理的な新国際秩序の構築を求める声がより広範な力そして道義的な基礎を得てきた。新たな国際秩序構築は漸進的で長期的なプロセスではあるが、必ずや主権の平等を守りつつ、新たな民主的な国際関係の構築へ向かうであろう。

第三章　中国の「平和的発展」と経済のグローバル化

一、経済のグローバル化からもたらされる「平和的発展」

1．「平和的発展の道」の経済史

中国は70年代末、改革開放を始め、開放型の市場経済の道を歩み、大きな成功を収めた。１９７９年から２０１０年まで、中国経済は年平均10％近くの急成長を実現した。１９７８年、ＧＤＰは３６４５億人民元、外貨準備高は１・67億米ドルに過ぎなかった。２００８年には、ＧＤＰは31兆４０４５億人民元、外貨準備高は1兆９４６０億ドルにまで達した。２０１０年第2四半期には、中国のＧＤＰは日本を超え、米国に次いで世界第二位の経済体となった。２０１１年第１四半期には、外貨準備高は3兆米ドルを超え、世界一となった。

中国経済はすでに世界経済の重要な部分となっている。経済のグローバル化と世界経済システムに関わり続けることが中国経済の戦略的選択であり、「平和的発展の道」の重要な部分でもある。２００１年11月のＷＴＯ加盟によって中国はすでに世界経済システムの重要なメンバーとなっており、中国経済と世界経済の関係はさらに密接となった。

概略的には、中国の「平和的発展」における最重要なポイントが経済成長であり、「1978年末中国共産党第11期第3回中央委員会全体会議から始まり、今世紀中葉まで中国は「平和と発展の時代」をテーマに、改革開放を通じて、急速かつ健全な成長を継続させるなか近代化を実現しており、こうした歴史および発展のあり方」(1)を指す。改革開放以前の中国は、長期にわたって国内志向型の経済成長戦略をとっており、「自力更生」のみを強調し、指導思想は化石のように保守的であったため、中国経済が長期にわたって国際市場の外に孤立し、停滞していた。ちょうどこうした「左傾」から徐々に脱却して成長戦略が転換していく時期に、新たな科学技術革命の波に乗って成長を始め、中国の指導者は戦略的チャンスを掴み、「経験が語るように、門を閉ざして建設しても成功せず、中国の成長は世界から離れられない」(2)と主張した。この判断が中国史の経験および教訓の総括と、世界経済の趨勢の把握を結びつけ、経済成長を中心とする軌道へと重心を移し、国内では改革、国外では開放を行い、農村では生産請負制、沿海地域では経済特区を皮切りに国内市場を伸ばし、国際市場に向って、経済改革の新たな時代が始まった。

経済成長の過程にとって70年代末から80年代中頃までは、経済の方向転換への準備段階で、経済成長モデルおよびシステムを方向転換し、経済活動では調整を主、改革を従とした。80年代中頃から、経済の方向転換が始まり、体制改革も全面的に開始し、失敗から前を向いて進み始めた。1992年以降、経済の方向転換が全局面に至り、経済成長モデルのさらなる転換も模索され始めた。90年代末までに、東南アジアにおける金融危機が全世界に波及、反グローバリゼーションの声も日に日に高まり、中国は経済のグローバル化のために関与し再び有利なものを採って害を避ける方針によって、中国の改革開放を新たに進め、国際分業と国際経済システムへの関与をさらにすすめた。中国の経済成長は世界から正しく評価され、経済体制を閉じていた状態から半ば開いた状態へ、全面的および多層的で広い分野にわたっての対外開放への転換に成功した。１９９８年から２００８年にかけての貿易依存度は、世界全体では43・87％から53・3％までの上昇に対し、中国は12・５％から59・２％に上昇している。特にＷＴＯ加盟後、中国は世界経済への関与をさらに深め、国際市場への競争力を強め、２００１年から２００８年にかけて、中国の貿易総額年平均成長率は世界全体に比べ11・１％も高く、これに応じて貿易依存度も20・７％に上昇した(3)。一定期間における輸出入貿易総額対国内総生産比を表すものとして、貿易依存度は通常、国家と国際経済におけるつながりの程度を表し、中国の対外開放と経済成長は経済のグローバル化への深いコミットメントを示している。中国の貿易依存度は、他の新興国とはいうまでもなく、先進国との比較においても比較的高い水準にあり、国際経済とのつながりは非常に密接なものとなっている。

「平和的発展の道」における経済では、資源配分において市場メカニズムが主導的地位を占めることが成功の基本的条件である。資源配分方法としての市場は産業革命以降、世界経済史において幾度となく、人類の経済運営では最も成熟かつ最も有効な手段と証明されている。「様々な欠陥が存在しても、市場はその他の経済形態・形式に比べて効率が高い」(4)のである。１９９２年以降、中国は社会主義市場経済の改革目標を確立している。すなわち国によるマクロコントロールのもと、市場の資源配分における基礎的役割を尊重して、経済活動が経済的な規則そのもののニーズに沿うようにした。世界経済は各国の経済をただ足し算したものではなく、市場を通じて結びついた有機的なものである。経済のグローバル化は市場を媒体とするプロセスであり、国際市場の拡大を明白な特徴とする。いかなる国もコミットする経済のグローバル化とは、国内市場と国際市場、国民経済と世界経済とがつながるプロセスである。中国の市場化はスタートが遅れたが、一方、体制改革を通じて社会主義市場経済を構築・改善し、他方、対外開放を通じて国内市場と国際市場を相互に結びつけ、相互に補完し、経済資源のグローバルな移動と配分を実現し、中国の経済成長と経済のグローバル化を緊密に結びつけたのである。

また「平和的発展の道」における経済では、比較優位を十分に活用することが成功の重要な条件である。古典的な国際貿易理論によれば、比較優位は製品の生産コストから決まるもので、専業・分業化のメカニズムが作用する。閉鎖状態にある国には比較優位があるとはいえず、国を開き、国際的な専業・分業化に関与することでのみ比較優位性がでてくる。歴史的また現実的な要因により、世界の産業構造および国際分業体系における各国の地位は異なる。先進国はその主導的地位をよりどころに、経済のグローバル化を通じてより多く利益を奪取する。発展途上国は国際分業体系における自国の位置を正確に把握する必要があり、比較優位が競争力を創り出すことで比較優位を得、さらに国際分業体系におけるより良い位置と、より大きな利益を得るように努力する。中国における労働力および市場の優位性は対外開放のための重要な条件であり、政治的安定性および文化的凝集力などの分野でも優位性がある。「平和的発展の道」における経済では、経済、政治、文化などの分野において比較優位を十分に見いだして活用することであり、国際経済交流において比較優位を得ることである。

「平和的発展の道」における経済はまた、独立自主の成長の道でもある。独立自主は中国が一貫して有する指導原則であり、すなわち対外開放の新時期に入っても「独立自主と自力更生は過去はいうまでもなく、現在そして未来にいたるまでも我々の立脚点」(5)である。独立自主とは鎖国ではなく、対外開放と矛盾しない。現代国際経済秩序と国際分業体系にはいまだ多くの不公正で不合理な問題があり、対外開放においても独立自主を保ち、協力しながら競争することであり、受け入れながら拒絶することもである。平等ではない協力の場面では、敢えて戦うべきで、中国の権益を損なうような協力の場面では、勇んで拒絶すべきであろう。中国は一大国であり、他国に完全に依存して自国を成長させることはできないし、対外開放という立脚点に国力の拠り所をおくことで、自国の体制に基づいて十分に革新し、国内の需要および市場の開発に基づいて、自身の力によって成長のなかで遭遇する問題を解決する。同時に、経済成長のなかでも独立自主を保つことは国際市場への過度な依存を減らすためであり、他国に圧力をかけるためではなく、国内の経済成長と国際経済関係に健全な相互協力関係を築くためである。

30年余の努力を通じて、中国は国内の経済成長と経済のグローバル化を結ぶ道を歩み、独自の特色を持つ成長モデルを模索探求してきたが、中国の平和的発展のために物理的な裏づけを与えるものであった。

2.「平和的発展の道」へ経済的グローバル化の保障

「まさに経済のグローバル化という特定の歴史的条件下で、中国は国際市場を通じて各種のエネルギーを含む資源を引き入れ、後発の大国として対外侵略や略奪などすることなく台頭を実現している。この意味において、経済のグローバル化は中国の平和的台頭を助けた」(6)。前述したように、いかなる国も経済のグローバル化の潮流に直面しており、チャンスも、また挑戦もある。発展途上国はその実力と体制のギャップのために弱さがあり、中国は発展途上の大国として、また改革開放後の多大な変化のために注目を集めている。

経済のグローバル化は中国の平和的発展の背景であり、平和的発展は経済のグローバル化への積極的な関与を主要な特徴とするものだ。国内外の統計データによれば、中国が経済のグローバル化の過程で得たものは大きい。世界銀行は中国を発展途上国の経済のグローバル化に関与する上での模範と見ている。すなわち「中国経済の対外開放は経済改革の一環であり、さらに経済成長の重要な要因でもあった。1978年から1995年の間、輸出入額は国内総生産における割合で2倍になり、中国が米国に次ぐ外国直接投資（FDI）導入国となった。貿易、FDI、高い貯金率、この三つの相関関係が中国の急速な経済成長の鍵となる要因となった。こうした相関関係は今後の成長にとっても極めて重要である」(7)。WTO加盟後、中国は全面的な対外開放の段階に入り、金融、保険、通信、会計、コンサルティングなどを含む重要な産業で徐々に開放し、国際市場の中国経済への影響はさらに広範に深い分野まで広がり、開放を通じて経済の方向転換するなかで根本的な不一致や問題を解決し、生産力を伸ばす上での制度的障害を取り除き、中国の国際競争力を大いに高めた。

マクロ的観点からは、経済のグローバル化は世界各国および各地域における相互の結びつきと相互依存を深め、人類の進歩と歴史の発展で必然的に求められる経済の成長と繁栄に尽力し、こうした結びつきと繁栄により世界規模での衝突や対立がある程度抑制され、中国が平和的発展を実現する国際環境にとって有利な状況を作り出した。経済のグローバル化という大きな流れのなかで、いかなる国家も国際社会の外に身を置くことはできないし、国際市場から独立することもできない。資金、人材、技術、情報などの生産要素は世界規模で流動性を加速し、中国経済において、これまで制限されていた資源やエネルギーを動かし、中国が世界の資源と先進的な科学技術をより活用できるようになり、そうして、中国の経済成長が規模と内実の両面で進んだ。

ミクロ的観点からは、経済のグローバル化への関与によって中国経済の構造に重要な変化が生じた。開放型の成長戦略によって中国は国際分業体系に効果的に加わり、比較優位性ある産業によって急速に成長し、効率および産業競争力を高めて、大きな利益を得た。多くの先進技術・制度・外資を導入し、国内の資本、技術、制度における短所を補い、雇用を拡大し、技術を広め、管理を改善する分野で積極的な影響が出ている。現在、中国は世界の産業チェーンのなかで不可欠な一環となっており、労働集約型製造業と輸出の中心となっている。急速な経済成長を維持すると同時に、開放型の成長戦略の導入に注力し、近代的な産業構造、技術および制度の構造を充実させ、経済のグローバル化がもたらす規模の経済効果を活用し、また導入の上で消化、吸収、革新を進めて、市場経済建設のペースを速め、経済のグローバル化に必要な国内の体制と政策を構築し、十分に関与させていく。

静的にいえば、経済のグローバル化による国際分業の効果が意味するものは、世界経済が大きくした「パイ」の分け合いに中国は加わる機会があるということだ。20世紀は人類の物的財産がかつてないほど増えた世紀であり、経済のグローバル化は国際分業の深化を通じてさらに世界規模での成長を進め、世界各国に幸福と繁栄をもたらしている。中国の「平和的発展の道」における経済は自国の急速で持続的な成長によって世界経済全体の成長に直接的に貢献するだけでなく、世界経済の産業シフトと技術移転を加速し、世界経済構造のために貢献し、全世界の総生産と総利益を同時に増やすことで経済のグローバル化の成果を分かち合った。中国は人口が大きいため、労働生産性の向上は大きな限界効用があり、経済のグローバル化において比較的有利な地位にある。

動的にいえば、世界の経済成長の不均衡は経済のグローバル化のために変わるのではなく、中国の「後発優位性」は飛躍的成長のための基礎となった。世界経済史上、一国の技術の独走また経済の独占的地位は決して永続するものではなく、技術革新によって生み出される「カエル跳び（後発性の利益）」効果によって、後発発展途上国は新技術と機会をつかみ、新技術の潜在的優位を生かしてさらに速い成長を実現できるかもしれず、先進国を先んじることも可能だ。中国は世界史上で最も栄え、最も発達していたこともあったが、西側諸国が工業化において黄金期を迎えた19世紀、中国は国力が急速に衰え、世界で最も貧しい国家の一つになった。20世紀中頃には中国は近代経済の成長期に入り、90年代以降に起きた経済のグローバル化の波は中国経済の離陸のために「カエル跳び」効果のチャンスをもたらした。「誰も孤島のように、世間から断絶して独りよがりはできない」(8)。なにも経済のグローバル化によって人間の意志が客観的なトレンドに変わってしまうわけではない。マクロ、ミクロの観点に関わらず、また動的静的を問わず、中国は改革開放による「精錬」を通して、経済のグローバル化の波のなかで比較的有利な位置にあり、戦略的チャンスを捉えることができ、経済のグローバル化によるリスクと不一致を解消して自国を成長させることができる。つまるところ、経済のグローバル化が中国の「平和的発展の経済の道」を作ったのである。

二、資源・環境問題がもたらす「平和的発展」への影響

中国経済の規模が絶えず拡大するに伴い、資源・環境問題は日に日に際立ってきた。中国はエネルギー不足に直面しているだけではなく、淡水、耕地および森林資源においても厳しい状況にある。環境問題では、世界最大の二酸化炭素および二酸化硫黄排出国になり、国内の水質汚染も非常に厳しい状況にある。資源・環境問題は中国の持続可能な成長を制約するだけでなく、国際関係に緊張さえもたらす可能性がある。我々が和諧世界の戦略構想の実現を望むなら、まず資源・環境というボトルネックを必ず突破しなければならない。科学的発展観の提起と中国が進める発展モデルの転換の追求は新たな文明的なやり方である。同時に、和諧世界の構築のために新たな望みともなる。中国は世界最大の人口大国である。中国の一人当たりGDPが西側先進国水準に達するためには、資源消耗量と汚染排出量もまた数倍に増える必要がある。この他に、「世界の工場」としての国際的地位が意味するのは中国がまだ西側先進国と一部の発展途上国のために資源と環境コストを支払っているということだ。この情勢を鑑み、国際社会は中国の急成長がもたらす地球規模での資源・環境問題に徐々に苦慮を募らせつつある。さまざまな「中国エネルギー脅威論」と「中国環境脅威論」が次々と巷間に取り沙汰される。このために我々

は中国の資源・環境問題の国際関係に対する実際の影響をはっきりと見分け、適切に力強い措置をとって問題を解消して、摩擦を減らして、調和を増していく必要がある。

1．中国と外部世界による、希少資源争奪戦のさらなる激化

中国のエネルギー需要の増加がもたらす圧力と影響に直面し、ここ数年、中国に対して国際社会からの様々な非難が現れ、「中国のエネルギー脅威論」なるものすら現れた。

西側の憂慮と非難に対応すべく、中国政府と国内の学術界は中国のエネルギー戦略および世界への影響について多くの研究を行った。総合的に見れば、中国のエネルギー需要の増加は世界のエネルギー安全保障に対してマイナス面もあればプラス面もあることから「中国エネルギー脅威論」は根拠が弱いとみるべきではないか。

中国のエネルギー需要の増加による世界のエネルギー安全保障へのマイナス影響には主に次の3点がある。先ず、世界のエネルギー総需要量が大幅に増加することで、各国間に再生不可能エネルギー・資源の争奪戦が引き起こされる。次に、石油価格の上昇。第三に、海底油田、天然ガスをめぐる争奪戦が中国と近隣諸国との領土紛争を引き起こし、国際関係を損なう、というものだ。

1993年から中国はエネルギー輸入国になり、そのなかで石油と天然ガスの輸入量は年々増加している。しかし先進国と比較して、中国の石油、天然ガスの消費水準と対外依存度はともにまた比較的低い水準にある。2009年、中国は石油4・05億トンを消費し、世界の石油総量の10・4％を占めた。

一人当たりでは０・30トンを消費し、これは世界の平均的水準のおよそ１／２であり、米国の１／９、日本の１／５である(9)。２００９年の中国の石油輸入量は２・19億トンで、輸入依存度は54％である。同時期の米国の輸入量は４・73億トンに達している(10)。米国の人口は中国の１／４足らず、しかし輸入量は中国の２倍以上である。日本、ドイツ、韓国などの国はほとんど原油を生産しないものの、年間輸入量の合計は４億トン以上に達している。このように見ると、中国は世界のエネルギー問題で緊張を引き起こす責任者ではなく、中国の頭に「エネルギー脅威」の大きな帽子を被せるのは明らかに不公平である。

石油、天然ガスはもともと埋蔵量の有限な資源であり、中国のエネルギー輸入の増加は各エネルギー消費大国による有限な資源に対する争奪戦を激化させることは疑う余地がない。信頼できる外部からのエネルギー供給を確保するため、中国政府はここ数年一連の措置をとっており、例えば全方位でエネルギー外交を展開し、エネルギーの供給ルートを拡大している。オマーン、インドネシアとイエメンの三つの伝統的供給地のほか、サウジアラビア、イラン、スーダン、アンゴラ、リベリア、ロシアと中央アジア各国とのエネルギー協力を強化している。こうした努力は西側のエネルギー消費大国の高い関心を引き起こした。日本との間では、埋蔵量約２６０億バレルのイラン南西部のアザデガン油田の開発権、アフリカ地域における石油資源開発、東シナ海における春暁（日本名：白樺）ガス田の主権帰属、ロシア極東地域のエネルギー輸出パイプライン（すなわち中国の安大線または日本の安納線）の激しい争奪戦があった。

エネルギーの価格から見ると、国際原油価格のここ数年の揺れが比較的大きい。石油価格の急激な上昇が見られる度に、西側諸国はその原因を中国の輸入増に帰している。90年代には、1バレル当たり20米ドルであったが、2008年7月時点では、1バレル146米ドルに上昇している。偶然の一致だがのはここ数年、原油の国際市場価格の急騰時に中国の輸入が増えたことだ。表面的には中国が石油価格上昇の直接な責任者のように見えるが、客観的また常識的にみれば、中国の輸入増は原因の一つに過ぎず、ここ数年の原油の国際市場における価格上昇の原因には多くの要素があり、全世界での（特に米国）景気回復によって広く石油の需要が増え、米国をはじめとする西側の大国の戦略的な石油備蓄の増加、米国がイラクで起こした戦争によってもたらされた中東産油国における不安定な情勢、ＯＰＥＣやその他の産油国が共同で生産を制限して価格をつり上げる戦略、石油サプライヤーによる投機、米国沿海の油田がハリケーン被害による生産停止および減産などがある。

これらのマイナス影響にみえるもののほかに、中国のエネルギー需要増は国際エネルギーの需給関係に対してプラスの影響ももたらしている。先ず、エネルギーの深刻な不足と価格上昇により西側先進国の極端なエネルギー消費を抑制したことだ。ＢＰ「世界のエネルギー統計２０１０」が提供するデータによると、ここ数年のアジアと中国のエネルギー消費急増に対し、西側先進国のエネルギー消費には下落が現れている。全体的には、ＯＥＣＤ加盟国による一次エネルギー消費量は２００７年にピークで55・75億（石油換算）トンに達し、２００９年まで52・17億トンに下落、世界全体のエネルギー消費量の比重では50・1％から46・7％に下がっている。こうした世界全体での石油消費の変化の傾向はより合理的な方向に向かっており、「損有餘而補不足（余り有るを損じて而して足らざるを補う）」状態で、先進国と発展途上国の間でのバランスのとれた状態になっている。

第二に、中国の大幅なエネルギー不足と地球規模での二酸化炭素排出という状況について、各国は持続可能でクリーンな代替エネルギー、例えば原子力、風力、太陽光、地熱、バイオなどを積極的に開発している。以前は石油、天然ガスも不足していなかったため価格も比較的低く、上記の再生可能エネルギーは開発コストが比較的高いため市場での競争力を備えていなかった。現在、石油、天然ガスは希少資源となり、価格上昇してから、再生可能エネルギーに市場での競争力がつき、さらに各国政府の政策的支持も加え、ここ数年再生可能なクリーンエネルギー分野が世界各国で急成長している。

次に、エネルギーの深刻な不足による各国間のエネルギー協力が促進されていることだ。米国はいうまでもなくEUおよび日本も認識していることだが、中国の経済成長とエネルギー需要を止めることは不可能であったし、今後もそうであろう。できることは、中国とのエネルギー協力の強化であり、中国のエネルギー構造の多元化とエネルギー利用効率の向上を推進し、ゼロサムゲームをプラスサムまたはウィンウィンへと変えていくことであろう。

国際関係において中国のエネルギー需要の増加は、プレッシャーであると同時に原動力でもある。

淡水資源という面では、中国では非常に不足しており、対外関係に主に五つの影響がでている。第一に、国際河川流域における水資源開発・利用問題。第二に、国際河川の汚染問題。第三に中国が利用する国際河川の上流にある国家の地位についての憂慮、水資源が政治と外交の道具と化して、下流にある国の外交政策に影響し、ひいてはその国の安全保障上の脅威となること。第四は多国籍企業等による投資の影響。第五は中国の食糧生産への影響であり、これにより地球規模での食糧安全保障についての潜在的な災禍である。

中国には国際河川（湖沼）が40以上あり、世界の中でも多い。中国は国際河川の上流に位置しているため、域内河川における水資源の開発・利用に関して下流にある国から強い関心を必然的に引き起こすものだ。中国の国際河川の水資源の利用および河谷地域の経済開発が急成長するに伴い、外国メディアには中国の「水資源脅威論」が現れている。

２００５年９月14日、ロシアの「イズベスチヤ」紙に「中国がシベリア水資源を奪取」との記事が掲載された。１年後の９月13日、ロシア（に買収された）英「インディペンデント」紙によると、２０１５年までに中国、南アジアそして東南アジアおよび近隣諸国の水需要が急増し、これらの地域の多くの国際河川が争奪の対象になる。そして国境を越える水資源は将来中国が手にする効果的な外交の道具になり、中国は水源国としての地位を利用してアジアを制約するであろうと締めくくっている(11)。ロシア人生態学者ヤブロコフ氏は「ボイス・オブ・アメリカ（ＶＯＡ）」紙の取材で、中国がエルティシ川上流であまりに水を使用し、また流れをせき止めるため、下流にあるカザフスタンとロシアのオムスク地域からの申し立てがなされており、ロシア、カザフ、中国３カ国間の水資源協力問題が上海協力機構首脳会議の討論の議題にとり入れられたという(12)。

中国、南アジア、東南アジア諸国に跨る国際河川も同様に海外メディアが煽るホット・イッシューの一つだ。特に中国の南水北調工事開始は、インドおよび東南アジア諸国にある種の不安を引き起こした。2004年初頭、印「ザ・タイムズ・オブ・インディア」紙などのメディアは、中国はヤルツァンポ江上流にダムを建造し、ているためインド北東部の安全保障上の脅威になると報じている。2006年10月23日、同紙は再度記事を発表、「いったんこの西水東調工事計画が完成したら、インドとバングラデシュの国土は水源の極度の欠乏という危機に直面するだろう。より重要なのは、両国は今後、水源問題で中国にコントロールされてしまうだろう」(13)と書きたてた。

この他、中国の海洋漁業および木材加工などでの需要も世界規模で影響が出ている。国連食糧農業機関（FAO）の統計によると、全世界の海洋漁獲量は80年代末に8000万トンまで上昇したのち変化が現れ始め、その後の十数年間に漁獲量は7700万トンと8670万トンの間を揺れ動いた。これに鑑みてFAOが出した結論は、漁獲量がすでに限界に達しており（ABC）、もし引き続きこのペースで乱獲されると、海洋・漁業資源のさらなる枯渇をもたらすだろうと予測している(14)。地球上の総資源量が日増しに萎縮するなか、中国の漁獲量は急速に増え、80年代初頭には400万トン足らずだったのが、90年代末には1700万トンへ激増し、今に至っている(15)。1988年から、中国は世界最大の漁業大国となり、漁業量は1000万トン足らずの第2位のペルーを大きく引き離している。中国のこうした勢いと漁業量を減らすその他の国々との対比が鮮明になった。漁業資源が日増しに減少するため、ここ数年中国と近隣諸国との間で海洋上の漁場をめぐって熾烈な争奪となっており、越境操業によって誘発される武力衝突も時折発生している。この他にも、各国との間で、海洋漁業における分配について見解の相違が現れている。これらはすべて国家間関係の調和を乱すものだ。

2. 中国の環境悪化によるスピルオーバー効果と国際環境協力の推進

地球環境は一つの完結したシステムであるため、中国の環境問題によって地球環境の悪化に必ず拍車をかけ、それによって国際関係にも影響が生じる。こうした環境汚染のスピルオーバー効果には、地球規模のものもあれば地域的なものもあり、また直接的および間接的な影響といったように様々なかたちで現れる。

地球規模での影響には主に二酸化炭素（CO_2）排出による大気温度上昇とフロンによるオゾン層の空洞化がある。気候変動問題においては、中国は世界最大のCO_2排出国になったが、現在の気候変動は主に歴史的に累積して生じた結果であり、その責任は工業化から長期間経過している西側先進国にあり、中国はむしろ気候変動の被害国である。

ここ数年、中国では異常気象によって引き起こされた洪水災害、干害、結氷、風害、雹、急性伝染病などの災害が頻繁に発生し、人民の生命と財産に巨大な損失をもたらしている。党および政府の指導の下、中国人民は自力でこれら自然災害に打ち勝っており、生態系難民は発生しておらず、国際市場で食糧を争って買うなどの世界の安定に影響するような事件も起きていない。逆に中国政府および人民は、ハリケーンや他の自然災害に襲われ重大な損失を被ったミャンマー、パキスタンなどの国々へ多くの人道援助を提供し、被災者が困難を乗り越えるよう手助けしてきた。

オゾン層の保護については、中国は関連する国際協力に積極的に対応してきた。1989年に「オゾン層の保護のためのウィーン条約」に正式加盟、1991年に「オゾン層を破壊する物質に関するモントリオール議定書」に加入して以来、オゾン層破壊物質の除去に大きく前進し、定められた段階的目標を順調に達成している。

中国の環境悪化がもたらす地域的な影響は明らかで、これら問題の解決の上で、中国と近隣諸国との関係に直接的に影響している。

一つは中国の酸性雨と黄砂の他国への影響。中国の二酸化硫黄排出量の増加と酸性雨被害地域の拡大に伴い、日本と韓国は中国の酸性雨によって被害を受けており、中国からの黄砂についても非難している。日本駐中国大使館のウェブサイトでは「地形および気候などの条件などにより、中国国内で発生した黄砂は中国国内だけでなく、韓国や日本にも影響を及ぼしている」(16)と認めている。

遠く離れた米国でも中国の黄砂および酸性雨について憂慮されている。2006年7月28日AP通信は中国の大気汚染による影響は隣国の韓国や日本のみならず、「北米上空にも到達した」との記事を発表した。続けて「予見できる将来、中国の経済成長に伴い、私たちは大気汚染粒子の増加に直面するだろう」と報じている。この記事が発表された後、「ワシントン・ポスト」、「ヒューストン・クロニクル」、「ロサンゼルス・デイリーニューズ」、ABCなどのメディアが次々と転載した結果、中国の汚染問題は米国の脅威としてホット・イッシューとなった。米国環境保護庁（EPA）に至っては、次のような予想まで行っている。「いつか、ロサンゼルス上空の大気汚染の25％は中国由来となるであろう」(17)。

中国の黄砂の越境問題について、国内の学者は異なる判断を下している。専門家の指摘によれば、我が国からの二酸化硫黄、窒素酸化物などの物質が韓国や日本までの長い距離を運ばれたとしてもその量に限界があり、特に長距離となるにつれて湿性沈着や海上での降水等もあるため、中国はこれらの国々における酸性雨の主要な責任者たりえないという。

中国の酸性雨と黄砂の越境がもたらすものは国家間の対立ではなく、より多くの国際協力であり、日本政府および韓国政府はいうまでもなく、民間団体や個人も含め、積極的に中国での砂漠緑化に取り組んでいる。日本人の菊池豊氏は1992年以来、ホルチン砂漠で砂漠植林活動に取り組んできた。さらに氏はNGO「沙漠植林ボランティア協会」を設立し、同会長として、多くの日本人ボランティアとともにこのイベントに参加した。2005年5月末までに1500人の日本人ボランティアがホルチン砂漠植林に参加している。さらに「烏雲森林農場」ではすで50万ムーの植林をしている(18)。菊地氏は国際的な環境保護を通じて日中友好に積極的に貢献している。

黄砂、酸性雨そして、共に直面するその他の環境問題に対応するために、中日韓の3カ国政府間で長期的な協力をさらに進めている。1996年の初頭、日本の環境省所管の国立環境研究所（NIES）と中国国家環境保護総局直属の中日友好環境保護センターは黄砂と酸性雨への対応のため共同研究を始めた。1996年から2000年までで第1期協力を終え、2001年から第2期協力が始まった。1999年から中国、日本と韓国は毎年行う3カ国環境大臣会合（TEMM）を設立した。2004年12月に開催された同会合では、モンゴルの自然環境大臣を加え、モンゴル、韓国、日本、中国の4カ国で地域協力を始めた。４カ国は国連環境計画（ＵＮＥＰ）などの国際機関の協力と支援により、「北東アジアにおける砂嵐の予防と抑制（ＲＥＴＡ　６０６８）」に関する合同プロジェクトが、アジア開発銀行（ＡＤＢ）及び地球環境ファシリティ（ＧＥＦ）からプロジェクト実施のための資金提供および技術援助の承認を受けた(19)。

長い間の模索を経て、中日韓三国間環境協力は次第に確立されてきた。３カ国は砂嵐研究、東アジア酸性雨モニタリングネットワーク（ＥＡＮＥＴ）、環境教育、中国西北部における生態保護、環境保護産業などの多くの分野における協力ですでに好成果をあげており、域内環境協力でモデルケースを提供しており、域内はもとより世界の環境保護のために積極的に貢献している。こうした基礎の上に、３カ国は２００６年12月に北京で開催された第８回中日韓環境大臣会合で協力分野をさらに拡大し、共通の関心事項である水質汚染の予防・対策、有毒有害廃棄物の越境移動、海洋・陸源汚染問題、海洋ゴミ、砂嵐の予防と対策、酸性沈着等の問題において、コンセンサスが広く得られた(20)。

新たな協力計画により、中日韓３カ国は２００７年９月７日に北京で「黄海エコリージョン支援プロジェクト」を正式に発足させた。プロジェクトの全期間は７年とし、３段階に分けて実施される。世界自然保護基金（ＷＷＦ）と韓国海洋研究院（ＫＩＯＳＴ）が技術支援を行い、パナソニック株式会社が資金提供を行った(21)。

上述したように、中国に現れた資源不足と環境問題は、地球上の生態系への負担をさらに強め、世界各国が中国の環境問題対策に関心を注ぐことは自然であるが、しかし何か体系だった「中国環境脅威論」

や「中国エネルギー脅威論」が存在するとはいえない。中国の資源・環境問題に直面するなかで、多くの国々が協力と支援で応じており、中国政府と一緒になって、地球の資源と環境の危機にともに対応している。

三、ボトルネックとしての資源・環境問題を解決する方途と意義

西側先進国の資源不足と環境問題へ対応してきた経験から見ると、2種類の対策のみを採用してきたといえる。一つは科学技術の進歩を通じて産業構造を改善することであり、もう一つは資源および環境における負担を外部に移転することである。しかし中国のような後発発展途上国にとって、後者は不可能である。また和諧世界の構築を積極的に提唱する国として、こうした他国の利益や地球環境を損なうような行為を自発的には選ぶべきではない。

中国は発展途上の大国であり、一方では比較的速い成長を維持しながら、もう一方では負担の外部移転を前提としないやり方で資源および環境にもたらされるマイナス影響を減らしているため、直面する任務は非常に困難である。しかしプレッシャーも前進する力へと変えていくことができる。すなわち中国政府ができるだけ早く経済成長のモデルを転換することであり、これまでの資源、環境、安価な労働力に頼った成長モデルからハイテクをベースに持続的可能な成長モデルへと転換していく。この転換を実現するには、二つの道しかない。一つは国際協力に広くコミットすること、もう一つは研鑽を重ねて、科学的発展観の指導のもと、中国の産業構造モデルの転換を加速することである。

1．中国の地球環境対策で得られる効果について

１９７２年にストックホルムで初めての国連人間環境会議を開催されてから、中国は国際環境協力に積極的に対応し、世界の環境保全のために不断に尽力してきた。環境と開発分野における国際協力を強化するため中国は１９９２年４月、四十数名におよぶ中国政府の首脳および先進国側の環境分野における有識者等からなる「中国の環境と開発に関する国際協力委員会（チャイナカウンシル）」を設立、中国政府に対して環境と開発の統合に関する建設的な提案をするためのハイレベルな諮問機関である。コミットメントと協力を通じて、中国および地球環境ガバナンスのためのアジェンダがインタラクティブに形成され、著しい成果を得ている。

まず、中国は国連および各種の国際組織と全方位での協力を行っている。もし中国がただ理解するためだけといった受動的な態度で１９７２年のストックホルムでの会議に参加していたら、国際環境協力という舞台で非常に重要なメンバーとなったのは90年代となっていたかもしれない。中国は国際連合主催の環境や開発を議題とする会議には毎回積極的に参加しており、国際的環境協力の推進の上で重要な貢献をしている。

長い間、中国は国連環境計画との協力で優れた成果をあげてきた。当初より理事国を務めてきた中国は１９７９年、「地球環境モニタリングシステム（ＧＥＭＳ）」、「国際有害化学物質登録制度」、「国際環境情報源照会システム」にも加入している。１９８７年、国連環境計画は蘭州で「国際砂漠化対策研究

訓練センター（ＩＣＲＴＤＣ）」本部を設立し、中国の砂漠化予防・緑化、エコ農業の経験および技術を多くの国々に伝えてきた。２００３年９月19日、同機関は北京に駐中国代表所を設立、双方の提携分野はさらに拡大した(22)。

この過程において中国は、他の国際組織との多国間の環境分野における協力を積極的に広げている。すなわち国連開発計画、地球環境ファシリティ、国連教育科学文化機関（ＵＮＥＳＣＯ）、世界保健機関（ＷＨＯ）、国連工業開発機関（ＵＮＩＤＯ）、世界銀行（ＷＢ）、アジア開発銀行（ＡＤＢ）、国連アジア太平洋経済社会委員会（ＥＳＣＡＰ）などの10余りの国際的な政府間組織、そして世界自然保護連合（ＩＵＣＮ）、世界自然保護基金（ＷＷＦ）などの多数のグローバルＮＧＯが含まれる。中国は１９９３年に設立された国連持続可能な開発会議（ＵＮＣＳＤ）の構成国であり、地球環境と開発分野におけるハイレベルな政治フォーラムでは建設的な役割を担っている。

地球環境アジェンダの他、中国はさらに、地域および二国間の二つのレベルでの国際環境協力に積極的に取り組んでいる。地域レベルでの環境協力は主に2種類の形式がある。一つは国連が主唱する地域協力への対応である。中国はＡＰＥＣの枠組みにおける種々の環境保全および持続可能な開発に関する活動に積極的に対応しており、すべてのＡＰＥＣ環境大臣会合に出席している。ＥＳＣＡＰが提起している北東アジア地域における環境協力や、北西太平洋地域海行動計画（ＮＯＷＰＡＰ）、東アジア海洋調整機関（ＣＯＢＳＥＡ）などに参加し、アジア太平洋地域の環境と成長について貢献している。２００３年９月、中国の積極的な対応および協力のもと、国連環境計画は「アジア太平洋亜区環境政策対話（ＳＥＰＤ）」を設立した。これは北東アジア、東南アジア、南アジア、中央アジア、南太平洋の五つの地域の国々をカバーするもので、その主旨は国連環境計画におけるアジア太平洋地域の戦略をめぐって、当該地域の特徴と「持続可能な開発に関する世界首脳会議」で採択された具体的な実施計画を結びつけて、地域および亜区における環境問題を解決していく方法について対話を実施した(23)。

もう一つは近隣諸国あるいは相関地域との環境協力の実施であり、地域における恒久的な多国間対話協力メカニズムを構築した。中国が最初に構築した域内国際環境協力メカニズムは１９９２年から毎年１回開催されている北東アジア環境協力メカニズム（ＮＥＡＳＰＥＣ）である。すなわち中国、日本、韓国、ロシア、モンゴル、北朝鮮（第2回から）の６カ国政府の環境保全部門間における政策対話メカニズムで、主に高級事務レベル会合で、各国が環境政策の進展状況を報告するとともに環境保全をテーマとして研究・討論を行っている。６カ国が域内の黄砂管理、中露蒙共同自然保護区、酸性雨（酸性沈着）、北西大西洋における海洋汚染、黄海の保全と開発、循環型経済などの問題について、多角的な対話および域内協力を行っている。

１９９９年、中国、日本、韓国は毎年1回の「中日韓３カ国環境大臣会合（ＴＥＭＭ）」メカニズムをスタートさせた。２００２年11月、ＡＳＥＡＮと中日韓「10プラス３」環境大臣会合をスタートさせた。２００７年11月20日、中国ＡＳＥＡＮ（10プラス１）首脳会議で環境協力を追加するとともに「中国ＡＳＥＡＮ環境保護協力センター」設立と中国ＡＳＥＡＮ環境大臣会合メカニズムのスタートを決定した。これらメカニズムを通して、中国と近隣諸国は黄砂モニタリングネットワーク、東アジア酸性雨（酸性沈着）モニタリングネットワーク、環境教育ネットワーク（ＴＥＥＮ）および環境人材育成コンソーシアム、中国北西部生態系修復プロジェクト、淡水保全プロジェクト、環境保全産業など多くの分野で協力と対話をすすめ、確かな成果を得ている(24)。

アジア開発銀行の提案で、ミャンマー、ラオス、タイ、カンボジア、ベトナム、中国の６カ国は１９９２年、大メコン圏経済協力（ＧＭＳ）プログラムを開始した。環境協力はなかでも重要なもので、近年、６カ国はこの枠組みでの環境協力のレベルを向上させている。２００５年５月、ＧＭＳ環境大臣会合が上海で初開催されて以来、毎年1度、定期的に開催されている。ＧＭＳ各国政府はともに「中核的環境プログラム」を定めており、これにはＡＤＢが支援する一連の中核環境保全プロジェクトが含まれる。なかでも「大メコン圏生物多様性保全回廊イニシアティブ」は優先的な実施項目である。２００８年３月に開催された第３回サミットで、６カ国の首脳が「首脳宣言」を締結、「２００８年～２０１２年ＧＭＳ開発ビエンチャン行動計画」を承認した。

近年、中国は中央アジア諸国との環境対話・協力を強化している。中国国家環境保護総局とＡＤＢの共催で、カザフスタン、キルギスタン、タジキスタン、ウズベキスタン、中国の５カ国は２００７年10月31日、北京で「中央アジア地域環境政策対話会議と残留性有機汚染物質管理協力パートナーシッププロジェクト第１回会合」を開催した(25)。

近隣諸国との環境協力のほかにも、中国はさらに他の地域とも地域・国際環境協力を行っている。とりわけ最重要なものはＥＵとの協力であり、双方は多層的な環境協力対話メカニズム機構を設立した。

なかでも２０００年10月の第3回アジア欧州会合で提起されたことには、２００２年1月17日の正式に始まったアジア欧州会合環境大臣会合、２００３年11月に始まった中国ＥＵ環境閣僚級政策対話メカニズム、中国ＥＵ環境作業部会、中国ＥＵ環境連絡部会メカニズムなどがある。この他に、２００５年2月21日に開催された中国アフリカ環境保全協力会議(26)、２００６年2月8日に始まった中国アラブ環境協力会議がある。

中国アフリカ諸国間の環境保全協力には特別な意味がある。これまで、中国と西側先進国との環境協力の多くは資金および技術支援を得るためであったが、中国アフリカの場合は殆ど、平等互恵の立場から援助を行うものであった。近年、我が国の経済成長に伴い、環境保全産業および関連する科学技術研究も著しく進展し、一定の市場規模および技術的優位性が形成され、いくつかの環境保全企業および製品もすでに次第に国外に出て、国際市場競争に積極的に対応している。中国と多くのアフリカ諸国はともに発展途上国であり、環境保全の分野でも共通の挑戦に直面しており、双方は同分野での互恵協力に大きな潜在力がある。双方はまた汚染対策、生態建設、生態回復などの分野で、より先進的な環境保全技術・設備を普及できる。中国側はアフリカ各国のために技術支援提供によるウィンウィンの関係を望んでいる。

中国は環境保全分野では二国間協力も積極的に進めている。中国と米国は、初めての二国間環境協力議定書を１９８０年に締結して以来、中華人民共和国環境保護部は中国政府を代表し、すでに世界の40カ国以上と二国間環境協力文書を締結し、世界全体をカバーする二国間協力枠組みを構築し、環境計画および対策、地球環境問題、汚染の抑制および予防、森林および野生動植物の保護、海洋環境、気候変動、大気汚染、酸性雨、汚水処理、原子力の安全性などの分野で交流および協力を行い、いくつかの重要な成果を得ている。こうした政府間の環境協力の他、中国は主要国の民間、企業および研究機関との間での環境協力でも非常に大きな成果を上げている。

国際環境協力への対応を通じて、中国の環境保全事業は急成長している。中国は「国連気候変動枠組条約（UNFCCC）」、「京都議定書」、「オゾン層を破壊する物質に関するモントリオール議定書」、「国際貿易の対象となる特定の有害な化学物質及び駆除剤についての事前のかつ情報に基づく同意の手続に関するロッテルダム条約(ロッテルダム条約)」、「残留性有機汚染物質に関するストックホルム条約」、「生物多様性条約バイオセーフティーに関するカルタヘナ議定書」、「砂漠化対処条約（UNCCD）」など、およそ50余りの環境保全関連の国際条約に参加するとともに、これら条約で定めている義務を積極的に履行している。さらに、中国は比較的整備された環境保全法制、法律執行体制ならびに国と地方の環境保全基準体系を設立している。現在では、環境法律の設立、監督及び執行体系においては発展途上国としては最も整備されている。

国際環境協力への対応過程において、中国は他の発展途上国と積極的に協力しながら発展途上国の利益と立場を守り、多くの発展途上国からの信頼を集めてきた。同時に、国際社会に対して、地球環境協力分野における中国の一貫した主張についても理解を得ることができている。

2．中国の成長モデルの調整と持続可能な成長論の確立

中国の資源・環境問題の最も根本的な解決は中国自身の努力によらねばならない。実際に中国政府は改革開放以前から人口、資源および環境問題に対する大規模な計画および規制を行ってきた。なかでも革命的なものは、中国および世界の成長プロセスで生じる深い影響がある二つの施策である。一つは一人っ子政策、もう一つは科学的発展観の指導下での成長モデルの転換である。

中国は世界で初めて全国規模で産児制限を実施し、人口増加を効果的に抑制した。そうしなかった場合と比べると、3億人の人口を抑制できた計算になる。これにより中国の人口構造と成長速度には根本的な変化が表れ、普通出生率は1978年の18・25‰から2008年まで12・14‰まで低下し、自然人口増加率は1978年の12‰から2008年には5・08‰まで低下した(27)。中国の人口は減少しており、資源および環境にかかる負担の軽減の上で大きく貢献している。また、世界人口においても今後の人口抑制のための成功例となった。

同時に、中国は国際的な環境協力への対応で、環境保全のために様々な措置を講じている。1992年「環境と開発に関する国際連合会議（地球サミット）」直後の8月、中国政府は中国「環境と開発の十大対策」を発表し、秋には党第14回全国代表大会で社会主義市場経済体制の構築を提起すると同時に、環境保全を90年代の改革と建設における十大任務の一つとした。

リオの地球サミットでの決定により、中国政府は世界で初めての国家レベルアジェンダ21「中国21世紀議程（アジェンダ21）」を1994年3月に完成させ、正式に認定した。1996年の「環境保全に

かかる諸問題に関する国務院決定」では国内における汚染物質の排出総量規制と汚染物質排出の基準達成および重点都市環境機能区域の基準達成といった「二つの規制で二つの基準達成（一控双達標）」を定めた。同時に、資源の消費が多く、汚染が激しく、そして上記に合致しない産業、すなわち小規模な炭坑、コークス工場、製紙工場など「十五小企業（15種の小企業）」の廃業を決定した。

これらの措置は90年代中頃から始まり、経済成長モデルに重大な影響を与える構造転換を示している。一つは計画経済体制から社会主義市場経済体制への転換、二つは経済成長方式の粗放型から集約型への転換である。

こうした転換当初の重点は、社会主義市場経済体制の構築でいうならば、21世紀に入ってからは、市場経済体制が徐々に確立され、資源・環境問題が日増しに際立つにつれて、経済モデルの転換の重点が資源・環境保全分野に転換し始めたと言えよう。２００３年10月に開催された党第16回中央委員会第3回全体会議では「科学的発展観」を提起した。２００５年、国務院は「科学的発展観の実施および環境保全の強化に関する決定」を発表し、科学的発展観と環境保全を結びつけながら、環境保全分野で直面する具体的な課題について明確化した。

「科学的発展観」には多角的な内容が含まれている。そのうち経済成長の過程で生じる資源・環境問題の解決が、同理論体系の提起における最も重要な動機および内容である。２００５年2月、曾培炎国務院副総理はＵＮＥＰ第23回管理理事会で「科学的発展観」の内容を次の4点に要約した。第一に、人間性の全体的な開発を促すことであり、人間の聡明な知恵と創造力を十分に発揮させ、改革と開発によって創造される社会の財産を全人民と共有すること。第二に、経済建設を中心としつつ、経済、政治、文化を全体的に進め、民主と法治、公平と正義、信義誠実と友愛、活力あふれる社会主義和諧社会を構築すること。第三に、社会主義市場経済体制を改善し、都市と農村、地域の開発、経済と社会の発展、人と自然の調和のとれた発展、国内の開発と対外開放について、それぞれに目配りしながら、全体を統括すること。第四に、持続可能な開発力を強め、生態環境を改善し、資源利用効率を高め、生産を発展させ、生活を富ませ、生態にやさしい文明を発展させる道を歩むことである。

この構想をめぐって、中国は環境保全分野で次の5点の措置を重点的に講じた。「クリーン生産」推進および経済構造調整、循環型経済の発展と節約型社会の構築、汚染予防・対策の強化と汚染物質の排出規制、生態建設の進展と環境の質の向上、法に基づく環境保全と大衆の利益を守ることである(28)。

中国は世界最大の人口大国として、大いなる潜在的成長の可能性を有する経済大国であり、これまで行われてきた経済成長モデルの転換は規模においても、その深さにおいても、かつてないことである。西側先進国経済における転換の経験と教訓をさらに参考にするため、同分野における国際協力をさらに進め、「中国の環境と開発に関する国際協力委員会」は「環境と開発の戦略的転換：グローバルな経験と中国の対策」を専門的に課題とするチームをつくった。先進国との比較研究を行った同チームによると、中国の環境と開発の戦略的転換は先進国に比べて遅れているものの、何ら迷いもなくスタートされており、具体的な行動は次の通りである。

第一に、科学的発展観と社会主義和諧社会の建設を目標として確立したこと。ここから示されるのは中国が環境と開発における戦略的な転換に入ったということが最大の特徴であり、転換を指導し、推進する総綱領でもあるということ。

第二に、新しい工業化への方途と平和的発展の道を力を尽くして歩みぬいていかねばならないと提起されていること。２００２年に開催された中国共産党第16回全国代表大会で、どのような工業化モデルが全面的な小康社会という目標を実現するのかといった問題で明確に求められたことは、今後、情報化がもたらす工業化および工業化による情報化の促進によって、科学技術力が高く、経済的な効果と利益が十分あり、資源をあまり消耗せず、環境汚染が少なく、人材が十分に活用できるという、この五つの基準を十分に発揮できる新しい工業化の方途を得ることである。

第三に、環境保全と経済成長に関する「三つの転換」を提起している。２００６年4月23日、温家宝首相は第6回全国環境保全大会で次のように指摘した。「新しい情勢における環境保全を成功させるための鍵となるのは三つの転換を速めることである。一つは経済成長を主とし、環境保全を従とするあり方から、環境保全と経済成長の両立への変換である。環境保全の強化を経済構造調整、経済成長モデル転換の重要な手段として、環境を保全しつつ、発展を追求すること。二つは、経済成長により環境保全が遅延しがちなあり方から、ともに進めていくあり方への転換であり、先に汚染して後に対策そして対策をたてながら環境破壊を行うという状況を変えること。三つは、主に行政的な措置での環境保全から、法律、経済、技術および必要な行政措置を総合的に運用して環境問題を解決するあり方への転換であり、経済への規制と自然への規制をより意識的に遵守し、環境保全の水準を高めること」。この「三つの転換」

は戦略から戦術へ、また、より具体的に、三者が相互に依存また補完しあいながら、共に新しい時代の環境保全への道を築くものである。

第四に、経済成長の理念では、これまで追求してきた「又快又好（速ければ良い）」から「又好又快（良くかつ速い）」へと転換したことである。一字の違いでしかないが、経済と社会、経済と資源・環境が歩調を合わせての開発との重大な意義が込められている。最も直接的な表現としては、政府は経済成長の目標を確定する上での原則を変えたのであり、すなわち構造を最適化し、効果と利益を高めて消費を減らし、環境を保全する上で、ＧＤＰの成長速度を決めるのである。

第五に、省エネおよび廃棄物削減など、人口・資源・環境の制約性指標を設けたことである。２００６年、中国は「中華人民共和国国民経済および社会発展第11次５カ年計画綱要（以下「十一・五」）」の中で初めて系統的に人口・資源・環境における数量目標を明確に定めており、さらにいくつかは制約性指標である。そのなかで「十一・五」期末の国内総生産のエネルギー消費は２００５年と比較して約20％低下し、主要な汚染物質排出量は10％減少した。２００９年12月に開催された第15回気候変動枠組条約締約国会議の直前である11月25日に開催された国務院常務会議で国内の気候変動に対応する新たな部署を設け、２０２０年までに単位国内総生産（ＧＤＰ）当たりの二酸化炭素排出量を２００５年に比べ40～45％削減することを決定し、制約性指標として国民経済社会発展・中長期的計画に組み入れ、相応の国内統計・監測、審査の方法を制定する。また再生可能エネルギーの大々的発展や原子力発電所建設の推進など各種行動によって、一次エネルギー消費に占める非化石エネルギーの割合を２０２０年までに約15％に引き上げる。植林と森林管理の強化によって、2020年までに森林面積を2005年比で4000万ヘクタール増やし、森林蓄積量を同比13億立方メートル増やす。これらの目標は「十二・五」に組み入れられた(29)。

第六に、環境分野の立法と法執行をさらに強め、なかでも世界初となる「中華人民共和国循環経済促進法」が2008年8月29日に制定され、2009年1月1日から施行された。

いうまでもなく中国成長モデル転換の特徴は上記の6点だけにとどまらない。たとえば2008年の国務院機構改革の総体設計、特に国家環境保護総局は部に昇格し、中国経済成長に対して資源・環境といった観点からマクロの計画、指導、管理においてより有益である。

科学的発展観による指導のもと、経済の転換が全面的に進められた結果、中国の環境整備で大きな成果が出ている。

中国は資源・環境保全関連法および関連規制体系をほぼ整備し終えるとともに、中国の実情と結びつけた革新的で多様な環境管理制度を構築し、たとえば期限付き汚染処理制度、危険廃棄物代理処分、汚染物質排出量規制、拡大生産者責任、環境アセスメント、三つの同時（生産設備と環境保全設備の設計、着工、稼働を同時に行い環境汚染を未然に防止すること）、汚染物質排出費徴収制度、汚染物質排出登記・許可証制度、期限付き汚染防除制度がある。この他、中国は環境の基準を規定することで企業の環境関連活動を規制している。規定・改正基準は200以上の項目に達しており、環境と開発のための合理的な意思決定および環境関連法の強化において重要な役割を果たしている。現在まで、中国は世界の発展途上国においては環境保護関連法および制度が最も整備されている。

中国は汚染予防および対策面でも視点を変えて、四つの重大な転換を始めている。第一に、点源管理から流域および地域も加えた管理への転換。第二に、排出濃度規制から排出量規制を加えた「双規」制度への転換。第三に、末端排出源の改善から発生源の改善および全過程の規制への転換。第四に、個々の企業向け対策から産業構造全体の調整を加えた方向への転換。これらの措置は汚染予防・対策を協力に推進し、主要な汚染物質排出基準に達した汚染物質排出企業は全国で90％に達した。産業廃棄物のリサイクル市場は1992年の120億元から2007年の1351億元に増えた。「環境にやさしい企業」が多く出現したのである。

都市環境保全はさらに強化された。90年代初期から都市環境の総合的整備およびインフラ建設の強化を通じて、汚染物質排出濃度および排出総量を規制する「双規」制度を実施し、工業汚染予防・対策といった措置の効率化を進め、多くの都市における大気および地表水の水質が環境基準に達した。いくつかの都市の環境は明らかに改善し、張家港、大連、天津などの56都市は国家環境保護模範都市と認定され、経済、社会、環境上で良好な効果が得られた。

生態系は著しい回復をみせている。森林率は1992年の13・92％から2005年には18・21％まで回復している。退耕還林（耕作をやめて耕地を林地に戻す）、退牧還草（放牧をやめて牧野を原野に戻す）、荒山造林（荒れた山を林地にする）、封山育林（伐採・放牧を禁じて造林する）、さらに土壌侵食防止や鉱山生態回復でも成果が出ている。自然保護区の面積は拡大しつつある。1992年には自然保護区が

７０８カ所あり、国土面積の約5・5％を占めていたが、２００８年には自然保護区の多様なカテゴリーを設け、全体では２５３８カ所、総面積では1億４８９４万ヘクタールで、国土面積では15・１％まで拡大している。なかでも国家級自然保護区は３０３カ所、総面積では９１２０万ヘクタールとなっている[30]。

国はそれぞれ生態モデル地区、生態（エコ）省・市・県の建設もおこなった。２００８年末時点では、自然保護区は２５３８カ所あり、そのうち国家級で３０３カ所、省レベルでは８０６カ所、県レベルでは１４２９カ所となっている。自然保護区の面積は1億４８９４万ヘクタール、国土面積の15・１％を占めている。国家級生態モデル地区は３８７カ所、国家級生態市県（区）は11カ所、全国環境優美な郷・鎮では６２９カ所が認可されている[31]。

また原子力の安全性と環境に放射される安全性の管理を強化している。安全第一と品質第一、安全性を確保した万全の体制で、原子力発電所建設およびそのほかの原子力関連施設の安全性向上のための措置をとっている。原子力事故の緊急対応と予防措置を強化している。環境放射線のモニタリングと管理監督に努め、全国の原子力の安全性と環境放射線における安全性が確保される状態を維持する[32]。

このほか、中国のエネルギー構造も資源節約と環境保全への発展に寄与している。一つはエネルギー構造のさらなる多様化、再生不能な石油エネルギーに対する依存は徐々に低下している。二つは省エネに一定の効果があり、単位ＧＤＰのエネルギー消費が大幅に低下した。90年代初期の万元ＧＤＰ５・７トン標準炭が、２００８年には０・94トン標準炭にまで低下[33]、下げ幅は83・５％に達しており、これは生産コストの減少だけでなく、環境汚染も減らし、企業の総合的収益性を高めた。

　ともあれ、グローバル化の過程と「グリーン文明の時代」の到来により、中国の台頭は全く新しい方途を確実に拓いている。新しい成長モデルが国際秩序の構造と国際関係による秩序に対して確かに深い影響を生じさせ、大国の台頭は以前と異なって必ずしも戦争を引き起こさず、平和を守り、協力を強化して、それぞれの利益と目標に合致するものとなったのである。現代の特徴が「転換」であるほかは、中国国内の政治、経済、イデオロギー的要因も平和的発展の重要な保障となっている。中国共産党の指導の下、中国政府は新しい方向へ向かって堅実に歩んでおり、また自信を持って世界に約束する。「中国の開発における問題の解決は根本的に中国自身によってなされなければならない。これは中国人民に対する、そして、世界の人民に対する責任であり、また中国が平和的発展の道を歩むことを保障する重要な原則である。中国は問題と対立を他国に転嫁せず、他国の略奪を通じて自国を発展させない」。この約束は13億の中国人民の実際の行動へとつながっていく。中国政府は「十二・五」の発展計画の綱要でも明確に提起している。中国の工業分野の中核的任務は構造調整と成長モデルの転換を主軸としている。そしてこの主軸をめぐって、七つの基本的な戦略的新興産業について提起した。このような目標と行動があって、中国は必ずや平和的台頭を可能にし、そして自国の発展をもって世界の和諧を進めていくであろう。

第四章　「平和的発展」と外交

冷戦後、中国はもはや直接的で巨大な軍事的脅威および圧力に直面することはなくなったが、中国の台頭と平和的発展へのさまざまな努力が多くの国々、特にいくつかの大国にとっては安全保障上の脅威が増していると解釈されているため、我が国に対する戦略的抑止力となる要因がかなり増えている。このほか、我が国と近隣諸国との間に地政学的要因による領土紛争が存在している。中国が近隣諸国と歴史に残された問題を解決する方途は中国が真に平和的発展を遂げられるか否かの重要な指標となっている。ここ数年、中国の総合的国力が著しく向上し、世界との密接な相互作用によって、中国の国家イメージも日増しに世界的な関心を集めている。

こうした状況に直面し、まず中国は戦略対話メカニズムや「セカンドトラック」といった外交ルート、多国間枠組みに依拠し、世界の主要国や近隣諸国との戦略的相互信頼を向上させ、次に「対等な協議」「共同開発」「相互理解」などの原則に基づいて近隣諸国と関連する陸上および海洋における国境ならびにその他歴史に残された問題の解決を図り、最後に国連平和維持活動（ＰＫＯ）への積極的参加を通じて対外援助の範囲と規模を拡大するとともに公共外交によって国際社会に対する説明責任を弛まず果たすことは、中国外交の国家イメージが作られていくうえでの重要な要素となっている。

一、関係国との戦略的相互信頼の強化

冷戦の終結により、我が国と世界の主要国および近隣諸国との安全保障関係にはそれぞれ異なる程度での改善がみられた。しかし中国の近年の急速な台頭は種々の懸念を引き起こしているため、我が国の戦略に対する抑止的要因が増えてきている。このような状況に直面して、一方では中国指導者および外交分野における有識者は国際的な場面で、戦略的相互信頼を高める重要性を何度も強調するとともに、世界の主要国と近隣諸国にイデオロギーと社会制度の差異を越えることができるし、また冷戦的思考や強権政治的な心理状態、そして互いに猜疑心や敵視から脱却できると呼びかけている。他方、中国外交は戦略対話メカニズムや「セカンドトラック」といった外交ルート、多国間枠組みに依拠しながら、関係国との戦略的相互信頼を向上させている。

1. 大国関係における戦略対話メカニズムの拡大と深化

戦略対話とは二国間で強く関心を有する戦略的問題について誠実で直接的な交流を通じて、判断ミスを減らし、信頼の醸成と疑念の払拭に取り組み、規範を定め、目標を明確にし、二国間関係の長期的・安定的な発展を確保することを指す。双方のハイレベル交流として戦略対話メカニズムには指導者の定期会談、政治、経済、外交、防衛、金融、環境保全など多くの分野での高官協議を含んでいる。1997年には中仏戦略対話メカニズムが設けられたが、中国の戦略対話メカニズムの大幅な推進は

２００５年から始まっている。

（1）双方が交流する中日戦略対話の維持

２００５年５月から２００９年にかけて、中日双方の戦略対話は10回を数え、毎回双方の会談では言葉を慎重に選びながら行われたが、確かなことは双方の議題の核心には、例えば歴史問題、台湾問題、東シナ海ガス田問題、釣魚島問題、日本の常任理事国入り問題などのお互いにとって重大な利益に関わる二国間問題には言及しないということであった。何度かの戦略対話では、こうした歴史の恩讐や現実的利益を考慮するような絡み合った複雑な問題の解決を期待することは明らかに現実的ではない。しかし、危機管理の一形態として中日戦略対話は、両国における不可欠なコミュニケーションの役割を果たしている。中日間で戦略対話を維持する重要な意義は次の通りである。

まず、中日戦略対話は両国間のおいてそれほど多くないハイレベルなコミュニケーションのチャンネルである。今までの主要なハイレベル対話のルートは首脳会談、外相会談、経済ハイレベル対話、次官級協議（本書での戦略対話）の四つしかなかった。複雑に錯綜した二国間関係に突発事態が発生すれば、この四つのなかで比較的低いランクでの戦略対話がクッションとしての役割を担い、双方が危機を制御できない状況に陥ることや、ひいては戦略的な誤判断により悲惨な結果を招くことを防止できる。

次に、中日戦略対話は双方のより高いレベルでの意思疎通が行き詰った際に、その緊張を緩和できる。例えば、初めての中日戦略対話は、双方が歴史認識問題、台湾問題、日本の教科書問題、東シナ海ガス田開発問題などで重大な相違が現れ、両国関係が行き詰った時に始まったものである。第1回対話では内容は多岐にわたったけれども、具体的な進展はなかった。しかし15時間におよぶ難しい討論で、双方はこの対話方式を認め、継続に同意した。第2回対話終了時に、双方は第3回対話を4日間にわたって行うことに同意したが、双方の誠意が次第に高まってきたといえよう。第3回対話最終日に当時の小泉首相が靖国神社に参拝し、政府および閣僚級対話が一切中止になったにも関わらず、4カ月後に日本側は第4回目および第5回目の対話を通じて、両国間の首脳・外相会談再開や東シナ海問題協議の継続を積極的に求めた。第7回の前に、双方は両国首脳の相互訪問について最終合意に達し、2006年10月の安倍晋三首相の「氷を砕く旅」と2007年4月の温家宝首相の「氷を融かす旅」、そして2008年5月の胡錦涛主席のマイルストーンとなる「暖春の旅」（中国国家元首による10年ぶりの日本訪問となった）を促した。

中日の複雑で錯綜した歴史および現実の諸問題でいまだ解決への手がかりがない時でも、コミュニケーションのチャンネルを維持することは、双方の誤解と疑念を晴らす上で実に賢明な行動である。中日戦略対話メカニズムで全ての問題解決ができるとは限らないが、その存在自体に価値があるといえよう。

（2）信頼醸成と疑念の払拭に取り組む中米戦略対話

21世紀に入り、米国の対中政策には消極的要素が日増しに明らかとなっているが、多くのバリエーションがある「中国脅威論」はすべて米国由来といえる。米国内の中国に対する懸念を払拭するため、

2004年にチリの首都サンディエゴで開催されたAPEC第12回非公式首脳会議で、胡錦涛主席は中米戦略対話開催を主導的に提案した。同年3月、米国のライス国務長官は訪中時期を確定し、中国外交部副部長と米国国務副長官が毎年2回対話を開催し、双方の外交を構造化する上で大きく貢献している。2008年12月までに、中米戦略対話は6回開催されており、双方の戦略上の懸念払拭に重要な意義がある。

まず、双方が討議する議題は戦略対話を重ねるにつれて、具体的かつ深い内容となってきたため、より現実的な成果が上がっている。第1回では台湾問題、軍事、エネルギー、人権、対テロ、貿易、双方の指導者の相互訪問などを含めた多くの議題をカバーし、相互理解が深まった。第2回でも経済、安全保障、国際関係など多くの分野を網羅したが、「より安全で、繁栄し、人権と法治が尊重される世界の構築」について建設的な意見が交換され、特に対テロ、大量破壊兵器の抑止、緊急時における安全保障機構の構築と大規模な疫病の予防などの問題で深く討議した。第3回および第4回では主に双方がともに関心を持つ重大な国際的および地域的問題、すなわち北朝鮮およびイラクの核問題、ダルフール、ミャンマーなどの問題や、軍事力の近代化、為替レート、エネルギーと環境保全などの議題を討議した。概観すると、第1回目はあまり具体性のないものであったが、米国の対中政策調整の上では効果的であり、相互理解を通じて、戦略的関係の位置付けを調整する目的は得られた。第2回目はさまざまな外交問題が俎上に載せられ、第3回および第4回は前の2回と比べ、双方の利益に密接な核心的および本質的な問題を扱った(1)。

次に、中米戦略対話は中米関係および地域の安定に関わるいくつかの具体的措置および基本方針についての伏線の役割を担った。第1回目終了後まもなく、ロバート・ゼーリック国務副長官が米中関係全国委員会でのスピーチ「中国の行方―メンバーシップから責任へ?」で言及した「ステークホルダー」の概念は、ブッシュ政権とそれ以降の対中政策の基本的枠組みとみなされている⑵。もし2005年下半期の中米戦略対話およびハイレベル間での密接なコミュニケーションがなければ、中米双方にとってこうした有意義な政治概念が迅速に形成されえなかったであろう。さらに第1回目の成功は2005年9月ニューヨークでの中米首脳会談にも良い影響を与え、同年11月のブッシュ大統領北京訪問を後押しした。同時に、2006年11月、ベトナムの首都ハノイで開催された両国首脳会談も、第3回の際に決定された基本方針のおかげであった。また、地域の安定に関わる北朝鮮核問題はそれまでの2回の同対話において言及はされていたが、2007年および2008年の2回にわたって、重要な討議項目となっており、双方が突っ込んだ意見交換によって共通認識が広がったため、「六者協議」のスムーズな進行を促した。

さらに両国間のメカニズムとなったコミュニケーション・チャンネルであるハイレベルプラットフォームとしての中米戦略対話は双方の信頼醸成に貢献している。第1回対話は米国連邦議会、ペンタゴンなどで「中国脅威論」が吹き荒れた背景で開催されたのであり、対話の開催自体が双方の緊張緩和に役立ったのである。また、定期的なハイレベル対話メカニズムの確立も米国が戦略的観点から中国に関わる問題を処理し始めたことを意味するものである。もし戦略対話のようなメカニズムを通して、中米の双方が積極的かつ建設的なマインドで相互の関係を処理できるようになれば、「守成大国（アメリカ）」と「新興大国（中国）」との間での絶えざる信頼醸成によって、良好な相互協力関係が形成されるであろう。

２００９年7月28日、世界金融危機の厳しい挑戦に直面するなかで、中米双方は中米戦略対話と中米戦略経済対話を合わせた、第1回中米戦略・経済対話をワシントンで、２０１０年5月に北京で第2回目を開催した。中米間対話メカニズムの地位引き上げ、中米間戦略および経済関係の安定について、そして世界規模で顕著な両国の高度な依存と積極的な協力については、重要な意義がある。

（3）全面的な戦略協力を進める中露戦略対話

「中露善隣友好協力条約」を締結している中露関係は充実した内実ある戦略的協力パートナーシップ関係である。中露戦略対話は絶えず進展し、双方の戦略的協力促進には非常に重要な意味がある。

２００５年2月から、中露間の戦略的安全保障協議メカニズムは正式に始まり、ハイレベル戦略対話の新しいルートが切り開かれた。中国が初めて他国と設立した安全保障協議メカニズムは、中露両国、両国軍が安全保障分野で相互信頼および協力において新たな段階に達したことを示している。事実上、中国とロシア間の戦略対話メカニズムはすでに存在していたが、さらに全面的に充実したものである。例えば中露外務省間には国際安全保障情勢、二国間関係および核不拡散などについて重点的に突っ込んだ意見交換を行う戦略的安定のための協議メカニズムや、１９９７年に始まった国際および地域情勢、重要なホット・イッシューなどについて率直な意見交換を行う戦略的安全保障協議メカニズムがあり、さらに「戦略対話」という名前ではないものの、戦略対話なみのハイレベルな中露首脳会談メカニズムもすでにある(3)。この他、中露議会議長による年次相互訪問や、定期首相会談などもすべて戦略的意義がある。すなわち、中露両国はすでに密接なハイレベル戦略対話メカニズムを構築しているのである。

その協議内容は、広範に及んでいる。双方の第1回戦略安全保障協議では政治、経済、国防などのさまざまな分野における一般的な問題およびその他のメカニズムでは取り扱わない問題まで広くカバーしている。第2回では二国間関係、特に対テロ、核不拡散、上海協力機構の設立などの重大な国際問題が含まれている。概観すると、核心となる議題は軍事およびエネルギー関連での協力に集中している。中露双方のさまざまなレベルそして多くのルートにおける戦略対話で定められた新世紀における中露関係発展原則である戦略協力と実務協力は、まず中露の両軍が挙行した共同軍事演習「ピースミッション―２００５」「ピースミッション―２００７」「ピースミッション―２００９」「ピースミッション―２０１０」として体現されている。これら演習で両軍の地域的安全保障を共同で維持する能力を高めただけではなく、両国の政治的および軍事的な相互信頼を一層深めた。この他にも、中露のエネルギー協力で明らかな進展があった。２００５年、双方は原油貿易および借款供与について包括的合意が成立しており、ロシア側はタイシェトからスコボロディノまでのロシア極東石油パイプライン一期工事建設を２００８年末前までに完成させると承諾しており、ここから中国側は中国東北部石油パイプラインに到達できる。現在、両国の石油パイプラインの準備作業に関して順調に進捗しており、徐々に具体的な実施段階へと近づいている(4)。合意に基づいて、ロシア側は鉄道による対中国原油輸出の規模を拡大しつつあり、２００６年では１０３０万トン、２００７年1月～8月では７００万トンを輸出しており、そのうち鉄道による輸送分は６００万トンである。この他にも、中露は天然ガス、原子力エネルギーおよび電力協力などの分野でも積極的な進展をみせている。中露両国首脳会談では、エネルギー協力で重大なブレイクスルーがあった。２００９年4月、中露は２５０億ドル規模におよぶ大型のエネルギー合意を締結した。２０１０年11月1日、中露石油パイプラインは試運転を開始した。中露双方はエネルギー分野で明らかに「全面的、長期的、安定的」協力が始まっている。

中露両国はハイレベルな戦略対話によって恒常的な連携を維持しており、二国間関係と共通の関心を有する重大な国際的および地域的問題について密接に協議を行い、各分野の協力での発展を強力にすすめ、中露戦略相互信頼の水準が高まり続けている。

2.「セカンドトラック」外交ルートを開く

ここ数年、中国という「新興大国」と米国という「守成大国」間の対立は多数の分野で顕在化してきた。中米間の政府間外交ルートに滞りはないものの、さすがにその余地には限界があり、特に双方の核心的国益に関する敏感な問題に直面した際には、双方のシンクタンクが関与する「セカンドトラック」という外交ルートを広げることは重要な外交的戦略の選択の一つであるといえる。いわゆる「セカンドトラック」は「非政府間あるいは半官半民の安全保障問題の分析および政策対応への準備を指す。参加者は通常、学術研究者、退職官吏、そして記者や政治家をも含み、特に重要なのは個人の身分で出席している政府関係者などであり、さまざまな分野における政策専門家」(5)を指す。ここ数年、中国のいくつかの重要なシンクタンク、例えば中国社会科学院、中国現代国際関係研究院、中国国際問題研究院、中国太平洋経済協力全国委員会、上海国際問題研究所などは積極的に参加しており、中米関係の広範で敏感な議題をめぐって米側シンクタンクと密接に連携して、中米政府レベルでの外交に力強い技術的なサポートを提供しており、その意義は重大である。

第一に、非政府系シンクタンクの参加によって中米間の複雑で錯綜した敏感な問題に対し、対話の機会を提供している。中米関係が徐々に複雑化するなかで、顕在化してきた対立点を取り除くためには、弾力性に限界のある「ファーストトラック」だけでは全く不十分である。まさに双方のシンクタンクがある程度政府の外側に独立していることで、政府レベルにつきものの敏感かつ複雑な問題に対して、別の観点を維持できる。同時に「セカンドトラック」特有の柔軟な雰囲気は特定の制約された状況に影響されず、十分に自らの観点を示し、相手側の政策および行為の真の意図および政治文化、そしてその背景の特殊性を理解し、そうして双方がよりに深いレベルで理解し、建設的な意見および提案を共同で提出できる。たとえば2006年12月、ランド研究所アジア太平洋政策センターの専門家と中国現代国際関係研究院の北朝鮮核問題専門家が敏感な北朝鮮核問題を討議する際、米国側の専門家から中国側の専門家に対し、米側が提起する近代化を実現する平和的措置を北朝鮮の政府関係者にどのように伝えればよいか尋ねた。中国側の回答は、次の通りだった。中国はこのような建設的な建議を歓迎するものだが、北朝鮮に対し、「何をするのか」「何をすべきなのか」と伝えるよりは、先方を中国に招き、中国の改革開放の成果を示すであろう(6)。ここから中米のシンクタンク間では、ここ数年、北朝鮮核問題およびその他の共通の関心である敏感な問題について密接に連携し、双方のために情報を伝え、誤解を取り除き、相互信頼を拡大する上で確かに重要な役割を果たしていることが見てとれよう。

第二に、密接でスムーズな「セカンドトラック」外交は、双方の「ファーストトラック」対話に力強い技術的なサポートを提供している。1998年のクリントン大統領訪中時、上海社会科学院、上海国際問題研究院などの中国側シンクタンクは米国コロンビア大学の研究機関とこの度の訪問で関連するであろう、重要な問題についての討議を積極的に策定した。のちほど作成される覚書は台湾問題に対するクリントン大統領の「三つの不支持」の提起にとって、政治的および外交的に有益な示唆となるものだった。また例えば2005年12月8日、ゼーリック国務副長官と戴秉国外交部副部長はワシントンで第2回「中米戦略対話」を開催したがその会談前に、中国国際問題研究所代表団は訪米し、ブルッキングス研究所側と討議を行った。双方は北東アジア地域的安全保障、イラン核問題、エネルギー、国連改革などグローバルな問題について深く突っ込んだ意見交換を行った。双方は中米両国が地球規模での協力を一層強め、核不拡散、対テロおよび現行の世界秩序維持のために共に努力すべきだと提起した。双方が関心を有する地域的問題においては、中国は北朝鮮問題では米側と協力すべきであると強調し、米国は台湾問題で現状を維持すべきであると強調した(7)。双方のシンクタンクはそれぞれ、討議結果を戴副部長とゼーリック副長官に報告することで、戦略対話を成功に導いた。

いうまでもなく、中米「セカンドトラック」外交とは双方のシンクタンクおよび政府が相応の時間、知力、資金を中長期的な戦略的プロセスに投入する必要があるものだ。ある時には、双方が生み出す深い影響のために、また双方が得る戦略的利益のために顕在化しにくいものであり、ましてや数量化できるようなものでもないが、それでも双方の「ファーストトラック」レベルへの継続的な技術的および知的なサポートおよび両国政府レベルへの良好かつ双方向的で継続的な推進力は、まさにそれが中長期的なプロセスに基づくためである。

3. 多国間メカニズムを通じた地域における公共的な問題の管理(8)

90年代以来、地域の公共的な問題が次第に顕在化し、中国外交の重要な議題となったことに伴い、中国外交にはその行動面で大きな変化、すなわち多国間主義が現れている。また近年、地域の公共的な問題に対する適切な手法を図る上で、中国は近隣諸国とのさまざまな公式あるいは非公式な制度上の措置をとっている。

地域的安全保障問題については、中国にとって上海協力機構、そして北朝鮮核問題における六者協議という二つの制度的措置が最も重要な多国間対応メカニズムであり、前者の目的は中国と中央アジア5カ国が国際的安全保障および経済協力問題に共同に対処するもので、後者の目的は北東アジアにおける核不拡散問題の処理である。なかでも冷戦後、まずテロリズムに打撃を与えることを明確な目標とする地域的組織として上海協力機構はその枠組み内ですでに複数回の対テロ軍事演習を開催している。これら演習の成功により、中国は上海協力機構の創始国として、自国が多国間協力によって三悪(テロリズム、分離主義、宗教上の急進主義）と戦う意志、そして地域の安定を守るとの決意そして協調する能力を十分に示すものである。周知のように、中国政府は北朝鮮の核問題を平和裏に解決するため、北朝鮮、米国、韓国、ロシア、日本、中国が参加する六者協議を積極的に仲介している。六者協議は２００３年８月に始まり、特に第６回協議後の２００７年９月30日に、会合の成果文書として「共同声明の実施のための第２段階の措置」が発表された。北朝鮮側は２００７年末までに寧辺にある５ＭＷｅ実験炉、再処理工場、核燃料棒製造施設の無能力化を完了することを承諾した。２００９年７月27日に北朝鮮は六者協議への不参加を重ねて言明したものの、中国側はすでに多くの場で、中国は六者協議再開に向けて引き続き最大の努力を尽くすと表明している。２０１０年11月23日、北朝鮮および韓国は相互に砲撃、半島情勢は再度緊張状態に陥った。こうした緊急情勢に対応するため、中国側は慎重に検討した結果、12月上旬に北京で緊急首席代表者会合を提案、各方面と密接に意見交換した。このことは中国が六者協議の積極的な提唱者および議長国であり、一貫して和解を呼びかけていることことを示している。地域的な経済協力問題については、中国はこれまで通り、ＡＳＥＡＮとの互恵関係を実務的に推進しており、２００６年の南寧サミットで、中国政府は２０１０年、ＡＳＥＡＮ主要６カ国と中国ＡＳＥＡＮ自由貿易協定（ＡＣＦＴＡ）(9)、２０１５年にベトナム、ラオス、カンボジア、ミャンマーとの中国ＡＳＥＡＮ物品貿易協定（ＡＴＩＧＡ）を日程通りに行うと決意し、「南シナ海行動宣言」の効果的実施を約した上での南シナ海の共同開発の推進、これらすべてがともに発展を進めるとの中国の誠意を示している。域内における社会と開発の問題ついて中国は、例えば「10プラス３」保健大臣会合およびカンボジア、ラオス、ミャンマー、ベトナム、中国で麻薬撲滅に関する協力である「北京宣言」などの非公式の多国間制度的措置を重視している。これらは中国が設立したものもあれば、近隣諸国とともに設立したものもあり、大体は中国が協力を図る制度的枠組みにおいて、集団的な協議と平等な協力を通じたさまざまな地域的問題解決への強い希望と有益な試みを表している。

二、歴史に残された問題の理性的解決を求めて

地政学的要因により、世界の大国のなかでも中国には非常に複雑な周辺環境がある。隣国の数が最多で、陸地の国境線は2万2000キロ余り、海岸線は1万8000キロ余り、周辺諸国は20以上、国境を接する隣国は14カ国に上る。90年代以来、中国経済の急成長と国力の上昇に伴い、「中国脅威論」は国際社会で「氾濫」し始め、中国はどのような方法および手段で周辺諸国との歴史に残された問題を解決できるかが、中国が真に平和的発展ができるかどうかの鍵となった。

1.「対等な協議、相互理解と相互譲歩」で陸地の国境問題を解決

90年代以降は、中国にとってロシア、ラオス、ベトナム、カザフスタン、キルギスタン、タジキスタンなどの国々との国境問題に集中して解決した重要な時期にあたる。なかでも中国が以前、国境で衝突したことのあるロシアとベトナムとの間で国境問題が解決をみたことは最も注目を集めた。

（1）40年におよぶ交渉で、ロシア、カザフスタン、タジキスタン、キルギスの4カ国との陸上の国境線を画定

中露両国の国境線は最も長い。両国の国境線は両国の交流を目の当たりにし、また両国の対立や闘いを経て、歴史的背景はきわめて複雑である。新中国成立後、この歴史に残された問題の解決のため、中国とソ連は国境線について相前後して3回の交渉を行った。1987年2月に始まった中ソ第三次国境交渉で、双方はまず国境問題を解決する原則を統一し、「関連する現行ソ中国境条約を基礎とすることに同意し、公認された国際法規範に基づいて、対等な協議、相互に理解し相互に譲歩しあう精神に基づいて、公正で合理的に、歴史に残された国境問題を解決する」とした(10)。1989年以降、中ソ関係は全面的に改善し、長期にわたり停滞していた中断交渉を再開させた。1991年5月、江沢民国家主席はソ連を訪ね、両国指導者は「中ソ東部国境協定」を締結、両国聯合勘界（合同国境測量）委員会の設立を確定、国境の調査測量を完成させた。1991年にソ連解体後、中ソ国境交渉は中国とロシア、カザフスタン、キルギスタン、タジキスタンの4カ国間の交渉へと引き継がれた。聯合勘界委員会は1993年に着手、1998年までに、西部の54キロと東部の全国境線の全体の98％の調査測量を終え、そして実際に境界線を示す国境標を立てていった。2001年7月に双方は「中露善隣友好協力条約」を締結して、未画定部分の解決へ向け協議を継続していくことを決めた。3年にわたる交渉を経て、双方はついに2004年10月、「東部国境補足協定」を締結し、これにより中露間の4300キロにわたる国境線が、協議と交渉を経てすべて画定し、長期にわたり両国関係を悩ませてきた歴史に残された問

題は最終的な完全解決を迎えた。90年代から10年余りの時間をかけて、中国と上述の4カ国の国境問題はすべて協議と交渉を通じて解決し、10余りの国境協定および関連の補足協定もあわせて締結された。

互いに理解し、譲歩しあうという原則は中国が近隣諸国と陸上の国境線を交渉する上で遵守される重要な原則の一つで、正に歴史を超えて、未来を志向する戦略的な観点から歴史と現実に残された問題を考慮できたことにより、隣国との陸上の国境問題で相互理解にいたることができた。

40年余り続いた中露国境問題の交渉中、中国外交は終始歴史を超える度量を示し、帝政ロシアによって切り取られた領土については一切返還要求をしていない。1964年の第1回の中ソ国境交渉過程で、中国側はまず、清代に帝政ロシアによって割譲された土地は条約で定めたものであることを鑑み、また現況を考慮すれば、中国政府はその古い条約を基にすることを選び、合理的に国境問題を解決することを希望した。中露関係史におけるいくつか不平等条約はやむを得ず列強と締結したものであるが、ソ連、そして今日のロシア連邦はこれについて道義的責任を決して引き受けないものと中国側は認識していた。こうした歴史および現実を尊重する客観的態度は、中露の3段階にわたる交渉で終始貫かれていた。

(1) ベトナムとの陸上国境についての調査・測量碑完成

中国とベトナムの陸上の国境線は約1350キロ、陸上の国境論争はかつて両国間の権益争いの重要な部分となっていた。1991年に中越二党および両国関係が正常化してから、双方は同年11月、「両国国境問題に関する臨時協定」を締結し、和平交渉を通じて問題を対話によって解決することで同意した。

１９９２年、ベトナムと中国は専門家会合を行った。１９９３年、両国の最高指導者は重要な決定を下し、すなわち国境および領土問題に関する政府レベル交渉をただちに進めた。同年10月、両国政府代表は「国境画定・領土問題を解決するための基本原則に関する合意」を締結した。合意では双方が合意に至らなかった地域については現場調査を行い、互いに譲り合う友好的な精神で協議を行うなか、公平かつ合理的な解決方法を追求した。１９９４年から１９９９年まで、中国とベトナム合同作業部会はハノイと北京であわせて16回の交渉を行った。

中越国境交渉過程では約１３５０キロの国境線において、９００キロについては双方で合意に達し、残り約４５０キロについては、１６４カ所の係争地点があり、総面積では約２２７平方キロに達した。この１６４カ所について重点的を再度検討・交渉するも、意見の相違があり、意見の一致が困難と思われたが、双方は両国指導者によって合意された指導的意見の通りに、また相互理解、和解の精神に基づいて、双方の相違を最終的には合理的に解決することができた。１９９９年末、双方は意見の分かれる地域での国境線引き作業を終に完成させた。この相違する１６４カ所のなかで、約１１３平方キロがベトナムに、約１１４平方キロが中国に編入された(11)。

こうして、意見に相違があった陸上の国境線問題はすべて解決し、両国は同年12月30日にハノイで正式に「中国ベトナム陸上国境条約」を正式に締結した。これにより、中越双方は新たに画定した中越国境に１５３３の国境標を設置することで合意した。２０００年7月6日、双方は北京で批准書を交換、「中越陸上国境条約」は正式に発効された(12)。

２００1年から２００8年12月まで、中越双方は大変な時間を費やして、14回にわたる政府代表団団長会合、34回の聯合勘界委員会、15回の専門家会合、２０００近くの国境標を立て、最終的にはすべての国境線において正確な作業を行ったが、これらはすべて対等な協議によって完成したものだ。中国ベトナム陸上国境問題の解決は、中国が平和的な交渉によって隣国との係争がある歴史に残された問題の解決を積極的に追求していること、また中国が終始近隣諸国との近隣友好協力関係を発展させ、地域の平和と安定の維持という大局観に立っていることを示すものである。

2.「問題を棚上げし、共同開発することが可能」な海洋エネルギー

中国の海上国境において、海を隔てて接する8カ国の殆どと海上において係争がある。南シナ海のいくつかの島嶼および排他的経済水域の帰属問題では、ベトナム、フィリピン、インドネシア、マレーシア、ブルネイなどの国々はそれぞれが領有権を主張している。また釣魚群島（尖閣諸島）の帰属など海上の国境問題に関しても争いがある。このように複雑な領土主権をめぐる争いに直面しており、中国の指導者は遠い将来を見通した上で、問題の平和的解決を目指し、「問題を棚上げし、共同開発することが可能である」と主張している。

１９７９年5月31日、鄧小平は訪中された鈴木善幸自民党衆議院議員との会見で、しばらく考えて領土・主権には言及しないまま、釣魚群島とその周辺で資源の共同開発について初めて述べた。概括すると、「問題を棚上げし、共同開発することが可能である」の主旨とは第一に、主権は我が国に属するが、

第二に、領土をめぐる争いについては完全な解決を条件とせず、また主権の帰属問題を棚上げすることができる。第三に、争いの存在する領土については共同開発を行う。第四に、共同開発の目的は、協力を通して相互理解をすすめ、主権の帰属を解決する合理的な条件を最終的に創り出すことにある。江沢民を中心とする党の第3世代中央指導集団と胡錦涛を総書記とする党中央は鄧小平が提起したこの原則的立場を堅持している。

(1)「南シナ海行動宣言」を締結、交渉で争いを抑制

南シナ海問題は、適切には南沙諸島・岩礁の主権をめぐる争いであり、我が国と近隣諸国との領土・主権の争いのなかで最も複雑な問題の一つで、我が国によって有利な国際環境を創り出すうえで真摯に取り組まねばならない問題の一つでもある。南シナ海問題は70年代から始まった。60年代に同海域で石油が発見されてから、ベトナム、フィリピン、マレーシア、シンガポールなどの国々が石油採掘に乗り出した。現在、同海域の油井は1000本を超え、毎年採掘される石油は5000万トン超、これは大慶油田の年間産出量に相当する。

南シナ海問題の複雑性に鑑みて、地域の平和と安定の維持という大局観に立った鄧小平によって、「問題を棚上げし、共同開発することが可能である」との有名な主張が創り出されたのである。中国政府はこれ以後、南シナ海域内諸国に対して、南シナ海問題については、中国は問題を棚上げし、共同開発することが可能であり、南シナ海を中国とASEANの友情と協力の海にしよう、と何度も表明している。

2002年11月4日、中国およびASEAN諸国の外相はプノンペンで「南シナ海行動宣言」を締結した。同宣言では中国とASEANが善隣友好および相互信頼パートナーシップの強化に尽力すること、南シナ海域における平和と安定を共同で守ることが確認されている。また同宣言は友好的な協議および交渉を通じて、平和的な手法で南シナ海に関する争いを解決すると強調している。その解決の前に、それぞれが自制を心がけること、争いを複雑化および拡大化させないこと、そして協力および理解しあう精神に基づいて、相互に信頼しあう道を求め、海洋の環境保全、捜索救助、国際犯罪対策などでの協力を進めていくことを約した。

「南シナ海行動宣言」は完全な法律文書ではなく、政治的および基本的な文書であり、同宣言の締結は関係国へ政治的意志の達成を示し、解決できない状況下でも争いをできるだけ抑制し、南シナ海情勢の安定を維持するとともに、これらを踏まえて、関係国が政治的相互信頼を一歩でも深め、共同開発の実施を保障することを示すものである。言い換えれば同宣言の締結は、双方の共通点が最終的には各国の利益の最大化によって目指されるものということである。締結後、中国側外交部関係者によると、二国間はもとより、三国間さらには四国間でも、条件を備えてさえいれば、中国は南シナ海で係争する国家との交渉、共同開発の実施を希望している、と明確に述べた。

(2) 中国、フィリピン、ベトナムが南シナ海の共同石油探査、初の共同開発実施

中国フィリピン両国は2004年11月に南シナ海での石油ガス資源に関する共同調査協定の締結によっ

て、南シナ海資源の共同開発が重大なブレークスルーとなった。２００５年3月14日、中国海洋石油総公司、フィリピン石油公社、ペトロベトナムグループは3年を期限とする「南シナ海協議地域における共同海洋地震探査協定」を締結した。同協定により3社は、面積およそ14・3万平方キロ協議範囲内地域において石油資源状況を研究および評価し、定量的な二次元および三次元地震探査データを共同で収集し、域内既存の二次元の震動特性線を処理し、地震および地球物理学的な手法を通じて同海域における地質構造と石油・天然ガスの埋蔵量を明らかにすることで、商業的な価値、すなわち採算性を確定していた(13)。この協定は事前評価段階にとどまっており、今後の探査、採掘の見通しは立っていないが、この締結の事実自体が、南シナ海のような係争に満ちた海域で、フィリピン、ベトナム、中国が「問題を棚上げ」との前提を共有し、海洋エネルギーの共同探査・開発を行う上で実質的な一歩を踏み出したことを示している。

上述のように、中国は南シナ海問題では抑制を維持しているが、近年同海域では係争がやむことなく、ひいてはいくつかの国々はいくつかの無人島・暗礁を占拠し、中国が設置した国境標を破壊し、同海域で操業している中国の漁民を逮捕拘留し、または武力で追い払った。これらの国々は中国による反対および抗議を省みず、一方的に石油・天然ガス開発を行っている。またある国は米軍との提携に努め、ひいては南シナ海での実弾を使用した軍事演習を行って中国を挑発した。それでも中国は自制を失わず、冷静かつ建設的な態度で、外交ルートを通すことを堅持して、平和的な方法および関係国との協議による解決してきた。中国が地域の安定と二国間の友好関係を守るとの大局観に立つという誠意を十分に示しているのである。

（3）中日が協議する東シナ海共同開発

中日における東シナ海国境問題では両国の主権が争われている問題であり、主に東シナ海上の領土の帰属、排他的経済水域および大陸棚における国境線、海洋エネルギー開発などの三つの内容を含む。200カイリの排他的経済水域の決め方について中日双方がそれぞれ主張しており、東シナ海の多くの海域の東西幅が400カイリに満たないという両国間の海域における地理的特徴のために東シナ海における境界を決める争いが引き起こされているとされる。

70年代から中国は主権が及ぶ東シナ海の大陸棚と排他的経済水域について間断なく保護してきたものの、地域の安全保障と平和的発展という観点から「問題を棚上げし、共同開発を求める」との主張を一貫して堅持してきた。2004年10月18日、王毅・駐日本国中国大使は東京で東シナ海における資源の開発および境界線に関する問題についての回答で次のように強調して述べた。すなわち中国側が開発している東シナ海の石油・ガス田は係争海域ではなく中国近海に位置しているが、しかし中国側は大局観に立ち、中日関係が双方の対話を通して理解を深めるように自ら提起し、係争解決への道を探っている。2004年10月、双方が東シナ海問題について行われた9回にわたる協議において中国は「問題を棚上げし、共同開発することが可能である」という主張を終始堅持し、十分な誠意と実務的な態度を示している。こうした中国の姿勢があって、日本側も「共同開発」を受け入れたが、今度は共同開発を行う具体的な海域が問題となった。交渉過程には困難があったが、中日は東シナ海ガス田問題の協議以来、日本側はこの「共同開発」について、当初の「受けない」から「共同開発計画」の提出にまで至ったが、これは中国側の主張について日本側がある程度受け入れてきたことを示しており、少なくとも双方は共同開発の政治的な基本合意に達したこと、また共通認識を広げるためにある程度の政治的基礎を固めたことを表している(14)。

２００８年６月18日、中日双方による２００７年４月に成立した共通認識および２００７年12月に成立した新しい共通認識として、真摯な協議によって、東シナ海で共同開発を行うガス田地域の座標を共同で発表しており、座標内の２６００数平方キロ区域内で選択された地点で共同開発をすすめる。２０１０年７月27日、中日両国は東京で初めてとなる東シナ海問題の原則および共通認識についての政府間第１回覚書交渉を開催し、これは友好的な協議を通じて同原則および共通認識プロセスの着実な推進に努めた。同年９月に釣魚群島帰属問題が発生することになる「中国漁船衝突事件」によって、中国漁船の船長が日本側で拘留され、第２回交渉はやむを得ず遅延したが、中国側は外交ルートを通じて事件の適切な解決を積極的に図り、その全過程で極めて抑制的であった。

南シナ海問題はいうまでもなく東シナ海問題も事実上、中国の国家主権と領土保全に関わるものだ。しかし、中国は平和的発展とウィンウィンの関係を築くとの観点から、実務的かつ協力的な態度での交渉と協議によって、一方では係争がホット・イッシューにならないようにすると同時に、関係国全てがともに資源の恩恵を直接受け、他方では、相互の信頼と共通の利益を積み重ねることで、係争の最終的な解決に努めている。

3．「共に研究し、理解をすすめる」歴史問題の新しい方法に解を求めて

仮に中国と隣国間における領土および主権をめぐる係争が一定の範囲以内に収まっているとしても、中日間の歴史問題は、依然として両国関係に横たわる越え難い障害であり続けている。近年、中日関係が落ち込んだ大きな原因は双方が歴史問題における認識の不一致にある。事態が複雑に絡み合った両国の歴史問題による民衆レベルでの不信感の高まりに直面して、2006年5月、当時の安倍晋三首相の訪中期間と、温家宝首相による中日共同歴史研究の年内開始が合意された。同年11月16日、李肇星外相と麻生太郎外相は「中日歴史共同研究実施枠組み」について次のように合意した。さらに両国の有識者が「中日共同声明」「中日平和友好条約」「中日共同宣言」の三つの公式文書にある諸原則に基づいて、歴史を直視し、未来に向かうとの精神の下、中日の歴史についての共同研究を行うこと。また双方が中国社会科学院近代史研究所と日本国際問題研究所が担当する具体的な実施をそれぞれ委託することである。

特殊な地理的状況により、中国と近隣の各主要国との間で国境および領土についての係争が発生することは避け難いが、中国は「対等に協議し、相互に理解し譲歩しあう」原則に基づいて、先ず14の隣国のうち12の国々で陸上国境問題をすでに解決し、残った国々との交渉にも尽力している。海洋における豊富なエネルギー・資源を含む海洋上の境界については、中国は戦略と安定との観点に立ち、「問題を棚上げし、共同開発することが可能」との主張を堅持し、「南シナ海行動宣言」と中日東シナ海ガス田交渉メカニズムに基づき、争いを積極的に抑制し、関係者の利益のウィンウィンを図る。このほか、中

日関係を悩ませてきた歴史認識問題について戦争の被害国である中国は、建設的な態度と日本側との共同歴史研究によって、中国の未来志向かつ実践的な精神を示している。急速に台頭し、責任ある大国として、中国外交はまさに理性と成熟した手立てを通じて、歴史に残された問題の適切な解決を求めている。

三、外交におけるソフトパワーの強化へ

近年、中国経済の急成長と国力の向上に伴い、中国と世界には相互連関性が強く現れ、中国の国家イメージも日増しに世界の関心を集めている。国際社会への平和、信義を重んじ、近隣諸国との友好に努めるとの、責任ある大国というイメージは、中国外交が直面する差し迫った重要な任務また戦略的課題となっている。国連平和維持活動に積極的に参加し、対外援助の範囲と規模を拡大し、「中国脅威論」の喧騒のなかで公共外交を手段に中国について説明し続けていることは、中国がその国家イメージを形作る上で重要である。

1．平和を守る外交、「平和を担う」大国イメージを明らかに

国連の重要な機能の一つであるPKOは、国連安全保障理事会の授権により、平和的な解決方法を用いて、紛争当事者による平和の維持、平和の回復、そして最終的には平和の実現を援助する活動である。冷戦後の特に2000年以降、中国はPKO参加への比重を増やしつつある。

第一に、中国のＰＫＯ参加対象地域がカバーする面積は拡大しつつある。中国が国連ＰＫＯ特別委員会に参加したのは１９８８年だが、これは中国のＰＫＯ参加元年であると同時に中国の外交政策における重要な変化を示している。１９９０年、中国は中東地域に軍事監視団を初めて派遣し、１９９２年、中国は正式に初の「ブルーベレー」部隊を設立、カンボジアでの任務を行った。２００１年、中国国防部内に平和維持事務弁公室が設立され、調整および管理を統括することとした。同年、中国軍はＰＫＯおよび国連待機制度（ＵＮＳＡＳ）に参加した。２０００年末までに、中国が参加したＰＫＯは中東、イラク・クウェート、西サハラ、カンボジア、モザンビーク、アフガニスタン、リベリア、シエラレオネの8カ国・地域に及んでいる。２０００年1月から２００６年11月では東ティモール、エチオピア・エリトリア、ボスニア・ヘルツェゴビナ、コンゴ民主共和国、リベリア、コートジボアール、コソボ、ハイチ、ブルンジ、スーダン、レバノンの11カ国・地域にまで広がっている(15)。

第二に、ＰＫＯ参加人数も増加している。２０００年国連ミレニアム・サミットでは、国際情勢の激変に対応してＰＫＯの強化を図る国連の呼びかけに答えるべく、中国はＰＫＯの派遣規模を拡大した。２００１年、ボスニア・ヘルツェゴビナに20名の文民警察要員、同年2月には、コンゴ民主共和国に1個工兵大隊、2個輸送中隊および1個医療分隊、２００３年4月には、再度コンゴ民主共和国へ工兵中隊と医療チームの総勢２４８人を派遣している。２００３年11月には初めてリベリアへ２７５人の平和維持軍を派遣しており、その内訳は指揮チーム25人、道路中隊63人、橋梁中隊61人、建物中隊63人、支援中隊63人である。２００４年10月には95名の警察暴動防止部隊をハイチＰＫＯへ派遣したが、同部隊の派遣は初めてであり、また西半球に位置する米州としても初めてであり、同時に国交のない国への派遣としても初めてであった。２００５年10月、済南軍区が設立した平和維持軍は全部で４３５人、うち２７５人の１個工兵分隊、１００人の１個輸送分隊、60人の１個医療分隊である。スーダンでは、国連が定めたスーダン第２作戦区域内で橋梁、道路、空港等の建設や補修、給水および電力供給施設の建設等を主に担い、必要な輸送人員および物資を提供して、傷病者への応急処置および衛生防疫などの任務を組織した。中国人民解放軍は１９９０年から計24回のＰＫＯに参加、延べ１万４０００人余りを派遣し、任務の最中、16人が殉職しており、ここには２０１０年１月のハイチで発生した大地震では８人の文民警察官が含まれている。２０１０年１月末現在、10カ国・地域での２１００人余りがＰＫＯに参加している。

第三に、中国からのＰＫＯ参加者は非常に優秀であり、国際社会から広く称賛を受けている。スーダンでは、南部フーウ到着後間もなく、ＰＫＯ部隊の宿営地からフーウ空港に至る３キロの道路補修の任務を引き受け、気温は摂氏50度以上という悪条件にも関わらず、将兵たちはわずか３日で任務を完成、驚嘆すべき「中国スピード」で人々を感心させた。これ以降、「中国スピード」「中国標準」「中国精神」などの言葉が広まり、他国のＰＫＯ部隊からも喝采を浴びた。駐レバノン中国ＰＫＯ部隊工兵大隊は交代の前夜、国連レバノン暫定隊（ＵＮＩＦＩＬ）司令部での報告で、「中国工兵大隊は28年におよぶ駐レバノンＰＫＯ部隊のなかで最も素晴らしい平和維持部隊の一つである」(16)と称賛された。２００４年３月、中国がリベリアＰＫＯに工兵大隊を派遣した当初は戦乱の只中にあって、地元の人々からの警戒や疑いの眼差しを受けていた。しかし、２００５年1月、同部隊がリベリアを離任する際には、千人を超える地元の人々が自然に集まって盛大に歓送し、しかも中国語と英語で「中国雷鋒永恒（雷鋒よ、永遠なれ）」と彫られた上質なクスノキの木彫り額を贈ってくれたという(17)。

中国の広範なＰＫＯ参加には、世界と中国における非凡な意義がある。

第一に、ＰＫＯ参加を通じて中国は平和と責任を担う大国とのイメージが確立された。中国の国力の向上に伴い、中国により多くの国際的責任を担うよう国際社会から求める声が日増しに強くなっている。国連安全保障理事会常任理事国として、中国はこうした声に力強く応えるために、ＰＫＯとともに勇んで責任を担い、中国の人々が平和を愛し、正義を守るという姿を中国軍を通じて国際社会に示すことで、中国は国連安保理常任理事国としての責任を担うとのメッセージを伝えている。

第二に、ＰＫＯ参加は中国が自発的に国際制度上の措置を認め、受け入れるとの重要な表れであり、「中国脅威論」の解消にも役立つ。周知のように、新興大国が他国からの危惧を招く要因はそうした国々が通常、戦争を通じて国際秩序の変革を試みるためで、現代において中国は後発の大国として、かりに既存の国際制度の措置等を尊重するならば、さらには自発的に受け入れていくならば、相応の義務と責任を引き受けることで他国からの理解を得られ、かつ主要大国からはある程度の協調と了解を得られるだろう。ＰＫＯという枠組みは国際的な多国間主義、特に国際安全保障体制における重要な要素であり、世界の平和と安全において重要な役割を担っている。中国のＰＫＯ枠組み参加は、直接接することで信用を得、他の大国、特に米国との関係調整に有益であり、また中国に対する戦略的プレッシャーを弱める上でも有益であろう。すなわちＰＫＯ参加の拡大は中国を既存の国際制度における「挑戦者」でなく「協力者」としてのイメージを、効果的に構築することになろう。

2．対外援助、「親仁善隣（仁義を大切に、隣人と友好を）」の道義的イメージの顕在化

新中国成立より今まで、中国政府は対外援助実施を対外政策の重要な要素として、また国際的な責務の重要な内容としてきた。その根本的な目的は世界の平和と安定を守ることであり、各国との共同発展を進めると同時に中国の発展にとっての良好な国際的環境を創り出すことである。２０００年から、中国政府はできる範囲で対外援助を拡大しており、規模や範囲、援助およびプロジェクトの形式、軍隊の不関与、いかなる政治的な条件も付けないといった点において、はっきりとした特徴がある。

第一に、対外的な人道主義援助の規模と範囲を大幅に拡大し、人道主義援助を単独のプロジェクトとして始めている。中国の対外援助が最初はいくつかの兄弟国とアジア・アフリカ諸国への恩恵に過ぎなかったとすれば、２０００年以降の中国政府の対外援助は世界各地に及ぶものである。アフリカではジンバブエ、マラウイ、エチオピア、エリトリア、ウガンダ、ソマリア、アルジェリア、アジアではスリランカ、インド、フィリピン、イラン、アフガニスタン、イラク、ヨルダン、パレスチナ、東ティモール、さらにヨーロッパのユーゴスラビアにまで至っている。北朝鮮、ベトナムへの鳥インフルエンザ予防・治療向け緊急援助から、ルーマニアの水害、イランの地震、ギニアビサウのイナゴによる農作物被害およびコレラ、エクアドルのデング熱、ウルグアイのハリケーンに対しては物資および資金の緊急援

助を、またニジェール、ブルンジ、レソト、ジブチ、ザンビア、モザンビークにおいては緊急食糧援助をおこなった。中国政府はこれらすべてに全力を尽くしており、ひいては先進国のなかでも最も発達している米国のハリケーン「カトリーナ」被害にも中国は５００万ドル超の被災者救済支援金および緊急被災者救済物資を提供した。２００４年12月26日、インド洋津波発生の際にも、中国政府は災害発生の翌日すぐに、２１６３万元相当の緊急人道主義援助として被災者救済物資および資金の提供を宣言、追加として、５億元の災害救済援助と２０００万米ドルの多国間援助を提供、同時に緊急人道主義援助については対外援助の予算からは別途、単独のプロジェクトを開始した(18)。

第二に、中国による援助およびプロジェクトは多様化しつつあり、その効果は顕著となってきている。50、60年代には、中国が多くの発展途上国に提供してきた主な援助内容は、プロジェクトの建設、現物の提供や専門家派遣などであった。１９７８年に中国が改革開放政策を実施してから、中国の対外援助内容はより豊富になり、無償贈与、無利子貸付、融資利子補給、技術援助、プロジェクト建設、工場建設、専門家による指導、労務サービス、人材育成、技術指導などの方式が次第に形作られてきた。なかでも90年代から、技術管理の指導、特別貸付の提供、投資貿易促進センターの建設、重債務貧困国への債務削減、経済貿易分野での人材育成・訓練、そして自然災害への緊急救助などへと内容を広げ、さらに力を注いでいる(19)。アフリカ諸国の経済・振興を支援するため、中国政府は２０００年、中国アフリカ協力フォーラムを北京で開催し、閣僚級会合で初めてアフリカ諸国の債務減免措置を発表し、アフリカの31の重債務貧困国および後発発展途上国で期限を迎えた債務のあわせて１０９億元を免除した。

２００６年11月に北京で開催された同フォーラムで、胡錦涛主席は中国政府を代表し、中国と外交関係のあるアフリカにおける重債務貧困国および後発発展途上国（33カ国）において２００５年末で期限を迎えた債務である無利子貸付（１６８件）の免除を発表した。これらは中国の対外援助方式における融通性を明らかに示している。

第三に、中国の対外援助には軍が関与せず、また、いかなる政治的条件がつくものではない。中国の対外人道主義援助ではこれまでに軍を派遣したことはなく、派遣した人員も文民のスタッフや技術者などである。捜索救助隊も主に専門の技術者から成り立っており、隊員の多くは交通部航路局などの部門の出身である。このほか、アフリカ諸国はいうまでもなく他の発展途上国においても、中国からの援助にはいかなる政治的条件が付いていていない。２００７年3月、当時の李肇星外相は第10期全国人民代表大会第5回会議の記者会見で次のように強調した。「他人を助けることは自分を助けることであり、中国は自国の発展を図ると同時に、他の発展途上国へもできる範囲で援助を提供し、その際にはいかなる政治的条件を付けないで、実務的な援助を行う」。

第四に、中国の途切れることのない対外援助と「親仁善隣」の国家イメージは一致している。一国の国家イメージの形成において最も核心的なものは、実際の行動と形成された国際的イメージが終始一致すべきということである。中国の対外援助における「仁義を大切に、隣人と友好を」とのイメージは歴史が証明するように、終始変わっていないといえよう。新中国が成立してから今日に至るまで中国は、アフリカ諸国にはいかなる条件もなく、多大な援助を続けてきた。さらにこれら援助の内容はそれぞれの時代状況に応じて異なるものであり、政府と人民から高い称賛を受けてきた。このほか中国は近隣諸国への対外援助も1950年から途絶えることなく継続しており、そのなかには緊急性の救援もあれば、長期にわたっての多大な援助というものもある。近年公開された外交機密文書によれば、新中国が成立して最初の11年で援助した「兄弟国」への35・39億元の殆どは、ベトナム、モンゴル、北朝鮮の3カ国へのものであった[20]。改革開放後においても、近隣諸国は中国の対外援助する重点であった。終始変わらず、かつより新しい対外援助によって、中国は発展途上国からの信用と友情を得て、「親仁善隣」イメージを確立できたのである。

3. 公共外交で世界に中国を伝える

グローバル化を背景に世界各国で日増しに相互連関が活発化するに伴い、さらに情報化社会の進展によって国民がより容易に民意を表現できる手段を持つようになって、政府はかつてない世論の圧力に直面し始め、外交戦略でも構造調整を迫られている。同時に、外国の世論に働きかける能力と手段を外交政策が追求する重要な目標とするようになった。こうして公共外交が現代における重要な外交手段となった。公共外交とは、政府が主導して国外の民衆を主要な対象として、自国の国益を守ることを目的に、国際的な文化交流を手段として、自国の外交政策と文化を宣伝して、外国政府および民衆に自国の政策についての支持を求め、良好な国際イメージを形作る外交上の行動である。こうした認識に基づいて、公共外交は自然と現段階の中国にとって客観的かつ友好的な世論環境を図り、我が国の平和的発展のために良好な国際世論環境を形成する戦略的ツールとなった。

(1) 孔子学院：中国の和諧と包容の文化イメージを形作る

中国の推進する公共外交戦略において、孔子学院の設立は中国の和諧と包容の文化イメージを形作る上で重要な手段となった。大国の台頭とは経済発展、軍事力強化と文化的復興からなる複合的現象である。文化の受容程度も国家の盛衰を量る要因である[21]。平和的発展の実現には、自国の強力な文化的アイデンティティーを構築し、国際社会において良好な文化的イメージを確立しなければならない。中国は世界中に孔子学院を設立したのは、中華の伝統文化の普及を進めるためであり、中国の「和諧、和睦、平和」との国家イメージを形作るためとの考えからである。近年、世界中で古き儒教文化が発する奥深い魅力が見直され、「中国語ブーム」が巻き起こりつつある。こうして世界規模で中国語教育を伝承する機関として、聖人である「孔子」の名を付けて、中華文化の主流に回帰する孔子学院が時とともに現れたのである。「孔子学院」と命名された所以は、孔子は和諧、和睦、平和を主張し、「和合之境（和合の境地）」「和而不同」を強調し、中国文化で最も影響力ある要素を表している。2010年10月まで、中国は96カ国・地域で322の孔子学院と369の孔子課堂（教室）を設立した。

(2) 政府白書：中国の政策的立場を詳述

孔子学院のほか、政府白書を通じて中国の政策的立場を詳述することも中国の公共外交における不可欠かつ重要な手段である。中国政府は1991年から毎年白書を発表しており、民族、宗教、人権、国防といった政策分野で具体的な業績および課題について、我が国の政策動向を詳述し、政府の活動についての透明度を大幅に向上させ、外部での猜疑心からもたらされる誤解を解消し、国家イメージを改善している。

中国政府の白書は以下において際立った特徴がある。第一に、国際社会で中国について歪曲および誤解されている中心的な問題をめぐって、異なる側面から説明を続けている。1989年以降、米国を中心とする西側諸国から中国政府の国内政策について厳しく非難され、対中制裁が実施された。この時以来、中国と西側諸国、特に米国との間で人権問題において長期にわたり対立した。1991年からは、人権白書の発表を通じて、中国政府は人権に関する非難について力強くまた詳しい説明で応えている。1991年11月1日、国務院新聞弁公室は「中国の人権状況」白書を発表した。この長さ約4・5万字の文書は前文および10章からなっており、中国の人権問題における基本的な立場および政策に関して詳しく述べており、多くの実例をあげて新中国成立以降の中国における人権状況に根本的な変化が発生したことを紹介している。これ以後、中国は1995年、1997年、1999年、2001年、2004年、2005年、2010年にそれぞれ、中国の人権状況の進展を白書で発表しており、この人権白書を通じて世界に中国政府が人権の保障および進展状況を紹介することが慣例となった。2000年2月に発表された「中国の人権の発展50年」白書では中国の人権の発展史を全面的に回顧している。人権そのものをテーマとする、こうした白書の発表のほか、我が国政府はチベットの人権状況

（1992年、1998年、2001年、2004年）、中国女性の状況（1994年）、中国の少数民族政策およびその実践（1999年）、中国児童の状況（1996年）、中国の高齢化対策（2006年）などの分野でも白書を発表し、中国の人権の発展および実践について多角的かつ詳細な説明により、中国政府は対話を通して誤解を解いて、国際社会へ中国の人権状況についてのさらなる理解を求めていることが明らかになっている。

第二に、中国政府の白書発表には強い志向性がある。1995〜1996年、李登輝の訪米によって台湾海峡危機が生じて以来、米国の政府、シンクタンクおよびメディアは声高に「中国軍事脅威論」を喧伝しだした。そこで中国政府は1998年に「中国の国防」白書を発表、これ以後2年ごとに引き続いて発表するようになり、中国の軍事・国防建設について全面的に解説している。また「平和的発展」論が2004年から国内の学界および政治指導者によって中国の急速な台頭を説明する際の専門用語としてメディアでたびたび見かけられるようになった。欧米諸国および近隣諸国からの疑いの眼差しを向けられた中国政府は2005年に「中国の平和的発展の道」白書を発表、中国が「平和的発展の道」を歩む必然性と固い決心、そしてこの目標実現のためにとる戦略上の方針と政策的措施を、初めて全面的また系統的に詳しく説明した。2007年には、国際社会で「メイド・イン・チャイナ」をめぐる安全性問題が現れた。国務院新聞報道弁公室は即座に「中国の食品の品質と安全性」白書を発表し、公開されたデータをもとに中国食品の生産および品質の概況、食品管理体制および管理監督業務、そして輸出入食品の管理監督状況について詳細に説明するとともに、中国政府のオープンで透明性の高い国際協力の姿を示している。

（3）オリンピック外交：平和で文明的な大国イメージの顕在化

注目を集めた北京オリンピックは２００８年8月24日、国家体育場「鳥の巣」で閉幕した。中国は国を挙げて、上から下まで心を一つにして、最大の誠意と情熱で中国の発展の成果と国際社会へ開かれた姿を全世界に示した。

第一に、オリンピック準備期間、中国外交は西側の受け手に寄り添うように中国についての説明を行った。２００８年3月14日、ラサでは暴行・破壊・略奪・放火・焼き討ちといった暴力的な犯罪事件が発生しており、また少なくない駐外国中国大使館・総領事館も国外の反中勢力および「チベット独立」分子の暴力的行為に遭い、後に予定されていたオリンピック聖火リレーでは国外の多数の都市で、さまざまな悪意や嫌がらせに遭遇した。こうした突然の危機に直面し、中国の外交関係者は西側の受け手に寄り添うように中国について説明することを重視することで、良い結果を出した。傅瑩・中国駐英大使は4月13日、英国主要紙の一つ「サンデー・テレグラフ」紙に「ロンドンで北京五輪聖火リレーを終えて」の一文を発表、質素でやわらかな言葉を使って聖火リレーの最中に感じたことを綴り、「世界はこれまで中国が開くのを待っていた。今日、世界が中国を理解するまで中国は辛抱強く耐える」と希望を述べて締めくくった。傅氏は外交官と一筆者という二つの身分で、読み手が多く反響の大きい英国の主要メディアで文章を発表し、大きな効果があったといえよう。明らかに、相手にとってわかりやすい伝え方で、より広範な西側の受け手に中国について説明でき、今後の中国公共外交の重要な手段となった。

第二に、北京オリンピック自体は中国の文化外交を行う総合プラットフォームであった。ホスト国にとって、閉幕式での文化展示、オリンピック期間のさまざまな文化交流活動を通じて、主催国の豊かな特色と民族の魅力を視覚イメージではっきりと示すことができた。また開閉幕式では、中国の文化的なアイコンが多く見いだされ、中国の普通の民衆の立ち居振舞いが次々と続く社会的なアイコンが五輪開幕によって大量に西側メディアを通じて拡散していった。五輪開催に伴い、中国の国家イメージも挑戦に直面したが、中国も自国特有の文化的要素を増幅させ、またそのメッセージを効果的に伝える絶好の機会を同様に得たのである。２００８年９月11日の「中華新聞報」紙によれば、清華大学新聞・コミュニケーション学院は７月28日～８月20日にかけて、北京五輪に関する報道について世界の10言語、29カ国・地域の67社の主要紙を追跡、比較研究したところ、46・２％の主要新聞紙が第１面で報道し、少なくとも１本以上の五輪関係ニュースを掲載したことがわかった。なかでも好意的な報道は53・８％を上回り、そうでないものは11・３％だけであった。また五輪期間に世界主要新聞のフロントページに掲載されたニュースのうち、中国に関する肯定的なニュースは24・５％、否定的なものは７・５％であり、そのほかの多くは中立的またはバランスのとれた報道であった。これらのデータから見えるのは、北京五輪は世界の文化交流プラットフォームそのものとして、中国の国家イメージの向上に積極的な役割を果たしたことを表している。

第三に、同期間の「バスケットボール外交」は中米間での人間外交という点で重要であった。１９７１年の中米間の「卓球外交」は、冷戦期の中米交流の基礎となったが、北京五輪男子バスケットグループ対抗試合Ｂチームの「中米戦」は、国内外の多くのメディアから「卓球外交」と同様に論じられ、なかでも世界２大国間関係の改善といった深い意義を与えたと論じられた。これは観戦者にブッシュ大統領、父親のブッシュ元大統領、キッシンジャー元国務長官、楊潔篪外相も同席し、ブッシュ大統領も現職大統領としては米国史上初めて、国外の五輪バスケット会場で臨席したからである。実は五輪期間中、米国メディア紙面では中国に関する報道で占められており、米中関係の発展についても何度も論じられていた。このバスケット中米戦に込められたのは、中米関係の象徴的意義であったかもしれないが、2001年に中国のバスケット選手である王治郅がNBAに参加してからは、姚明、易建聯、孫悦などが続々とアメリカに渡り、なかでも姚明は両国の多くの人々から、中米間の文化交流大使と見なされている。アメリカ人は彼らの振る舞いを通じて中国を見、中国人はNBAを通じて米国を理解し、バスケットが中米両国の人々の交流によって相互理解を深める絆となった。人間外交の目標はまさに人と人の間、民衆と民衆の間、民族と民族の間でコミュニケーションと友好関係を深め、国家間の信頼と協力、世界の平和と繁栄をも進めるものである。

グローバル化した国際環境において、中国は経済の急成長によって世界により世界と密接な関連性を持つに至った社会主義大国として、その国家イメージの構築が今日のように喫緊の課題となったことはこれまでにない。そこでPKOに積極的に参加し、対外援助の伝統を堅持し、公共外交によって世界に中国を説明することは、自国のイメージを全面的に形作る有力な手段となっており、平和を担い、「親仁善隣」、和諧と包容、オープンで透明性が高く、効率的でポジティブな国家イメージは、積み重なって次第に形成されていくプロセスの只中にあるといえよう。

第五章　「平和的発展」の堅持と「和諧社会」構築の推進

一、「平和的台頭」は歴史的趨勢

1. 中国の平和的台頭を評価する指標

平和的に台頭する中国についての内外の学界での共通認識は、そもそも台頭の指標および定義については諸説あり、意見はまとまっていない。時代と国情が異なるため、台頭についての統一した指標を定めることが困難なのである。台頭自体は比較的確定しやすいが、数量化しにくい概念である。世界史上これまでに英国、米国、ドイツ、日本が台頭し、そして現在では、多くが欧州（ＥＵ）の台頭を論じているが、これらの国および地域の台頭の指標では中国の評価については完全に適用できない。時代という条件が変わっているだけでなく、具体的な国情、特に政治制度とイデオロギーにも根本的な違いが存在している。そのため本章では世界史の発展過程と大国の台頭における類似点を総括しつつ、中国の具体的な国情に合わせて、中国の平和的台頭の評価基準を考察する。

（1）経済と総合的国力は中等新興国の平均水準以上である

総合的実力にはハードパワーとソフトパワーがある。ハードパワーには経済、軍事、安全保障、資源の生産と供給、通信、交通など国家的インフラ、物質的な生活条件や医療衛生施設などが含まれる。中国は経済大国ではあるが、経済強国ではなく、総合的実力においても強大な国ではない。経済力と経済発展の水準は総合的国力の基礎であり、中国が台頭しているか否かを評価する核心的な指標でもある。年間ＧＤＰ総量では、中国は日本を上回り、米国に次ぐ世界第2位であるが、一人当たりＧＤＰおよび統計データ、例えば一人当たりの教育水準、医療保険のレベルなどにおいては、中国は依然として発展途上国であり、一部の指標は発展途上国の平均水準にも達しない。一人当たりの統計データで中国の台頭を単純に評価できないことは明らかである。中国の多すぎる人口に対し、また中国と世界の資源は有限であるからである。もし中国の一人当たりＧＤＰが先進国の水準に達したとすれば、世界はどのような状況となっているだろうか、全く想像ができないほどだ。それゆえに中国の経済発展および経済力を評価する指標は経済規模でもなければ単純な一人当たりＧＤＰでもない。中国経済の規模およびＧＤＰ総量は比較的長い時間をかけて、世界のトップクラスに達しているが、国民一人当たりＧＤＰおよび他のデータにおいて新興国の平均水準以上となれば、中国は基本的に台頭を達成したと考えられないだろうか。軍事力については、中国の装備レベルは米国、ロシア、英国、フランス、ドイツ、日本より遅れているだけでなく、空母、早期警戒管制機（ＡＷＡＣＳ）、そのほかの先進的な通常兵器においてはイスラエル、インドにも遅れをとっている。海軍における装備および遠洋作戦能力は一国の軍事力を計る重要な指標であり、現段階では、中国海軍は自国の沿岸および近海を防衛するためのもので、大規模な遠洋作戦能力はない。近年、我が国の人民の生活水準、教育、医療、交通、通信などのインフラにおいては一定の改善および向上がみられたが、それでも先進国とのギャップはまだ大きい。以上の分析を鑑みると、中国の台頭への道のりはまだ長く、少なくともハードパワーにおいて、新興国の平均水準に達してようやく台頭について言及できるであろう。

(2) 政治、社会および文化の建設においては世界的な先進レベルにある

ソフトパワーには政治制度、イデオロギー、価値観、社会組織および文化教育などの分野における発展の状況、完成度が含まれる。一国のソフトパワーの水準を評価するにあたっては、以下の三つの分野から着手すべきである。

第一に、関連制度の完成度である。政治制度、イデオロギー、価値観について各国はそれぞれ選択肢があり、我々は世界の多様性と各国人民の選択を尊重し、西側が自らの政治制度、イデオロギー、価値観を我々に強要することにも反対する。いかなる政治制度、イデオロギー、価値観も自国の国情に合致したものでなくてはならず、抽象的かつ絶対的な評価基準などはない。ソフトパワーについて中国には独特な優位性があり、例えば社会主義制度、中国共産党の指導、マルクス主義を中心とするイデオロギー、五千年におよぶ悠久の歴史と文化の伝統がある。中国の台頭にはこうした分野にも反映されており、さらなる完成への過程にある。しかし、具体的な制度、体制、実施手続きについては十分な点と不十分な点、

成熟したものと未熟なもの、社会の発展と人民が求める問題に対応できる場合とそうでない場合が、たしかにある。はっきりしていることは、中国が西側の政治制度、イデオロギー、価値観をいつ実行したのかによって中国の台頭の是非を決めるのは妥当でないということである。自国の具体的な制度、体制、手続きの面でより改善されたとしか言えず、その上でさらに成熟したときに中国は台頭を実現したといえるのである。すなわち、中国の台頭の実現はハードパワーだけでなく、ソフトパワーも改善・強化されなければならず、政治体制改革の積極的な推進も含め、人民民主をさらに拡大し、党の民主的建設を強化し、具体的な制度、体制および手続きをさらに改善させていかねばならない。中国は一発展途上国として、社会の建設においては依然として比較的遅れている。自治組織のさらなる健全化、医療、衛生、保険、介護などの社会保障制度の改善、文化・教育水準の向上など、これらに関わる改革も積極的に進めていかねばならない。

第二に、ソフトパワーの方法論については、政治的指導、広報、動員、組織能力や思想の教育、指導力と広報手段、そして文化の伝播力なども高めていかねばならず、方法論や枠組みも改革が必要である。これにより、中国の経済成長、社会の進歩、人民の政治文化素養の向上および日々密接になっていく対外交流の需要に対応していくことができる。いうまでもなく、いくつかの方法論における改善、例えば情報伝播、ネットワーク管理、文化交流、これらもハードパワーの高まりと密接に関連している。それにはソフトパワーとハードパワーが互いに協力し補完していくことを必要とする。

第三に、内部での結束力と外部への影響力である。ハードパワーと異なりソフトパワーは、数量化になじまないことから、一国のソフトパワーの評価はかなりの程度において、内部での結束力と外部への影響力に着目する必要がある。内部での結束力とは以下の内容を含む。党と政府が社会に対する強いリーダーシップを含め、全国民の精神と意志を団結させること。社会もまたこうした指導を認め、支持し、従い、また指導する側とされる側が協調し、互いに信じ、和諧していること。自国の政治制度、イデオロギー、価値観についてのアイデンティティーや誇りが日増しに高まること。社会主義民主の建設は一層発展し、人民の自由、民主、人権はさらなる保障を得て、広範な民衆の心情はよりのびやかに、精神は溌剌としてきていること。社会の諸制度および枠組みの完成度については、社会関係は比較的協調しており、社会的な問題とりわけ、群体性衝突（民衆による集団示威行動）を効果的に抑制しつつあること。さらに民族の団結を実現し、中華民族と社会主義祖国のアイデンティティーを強めつつ、民族分裂主義（分離主義）は存在的・思想的根拠を失いつつあることである。外部への影響力とは、国際社会における観点であり、次のようなものが含まれる。中国の国際的地位が向上し、国際関係において果たす役割が徐々に大きくなり、各国およびさまざまな国際的アクター、国際組織との関係も次第に協調が図られ、中国の思想や文化が世界的に普及し、その結果より多くの人々からの共感を得ることで、世界で多様化する思想や文化においてより重要な地位を占めつつあること。対外交流を拡大し、対外的な広報活動を強化することで、世界の人々が現代中国の経済、政治、思想、社会、民族、宗教、文化、教育、人々の生活などの実状を理解しやすくなることである。

（3）国家の完全な統一

国家統一は一国の台頭を決定する根本的な指標の一つであり、中国のような大国でも今なお統一を実現しておらず、台湾は依然として祖国大陸に戻っていない。こうした状態では台頭とはいえない。そのため台湾問題の解決、国家の完全な統一こそ中国の台頭を示すものである。「チベット独立」「新疆独立」などの民族分裂勢力は今なおはびこっているが、中国の台頭にはまだ長い道のりが必要だ。民族分裂主義の解決は容易でないが、根本的にはこの解決も台頭の指標である。民族分裂勢力のはびこる国家は、台頭する大国とみなすことはできない。

（4）領土、領海紛争を問題なく解決し、良好な周辺および国際環境を創出

歴史上、中国ほど多くの領土、領海紛争を抱えたまま台頭する大国はおそらくない。困難を極めるこれらの問題の解決をどう円満な解決に導くかが、中国の台頭を決める重要な条件と考えられる。このほか、中国の台頭は破壊ではなく、世界の平和と安定に資するものだ。中国は平和的台頭のために全力を尽くすが、強権的また戦争による台頭ではない。というのは中国の平和的台頭を評価するためには台頭の目的そして目標が実現できるか否かを見なければならず、またこれらの目的を達成するための方法論や目標を見なくてはならない。すなわち、中国の平和的台頭を評価する上での非常に重要な指標とは、それが世界にどのような影響を及ぼすかである。

このほか、中国は国際的地位を一層向上させる必要がある。世界の平和と発展の促進、地域及び国際

的な安全保障と安定の維持、国際紛争の解決、国際正義の推進および国際的政治経済秩序の構築などの分野でより大きい役割を果たし、より貢献することで、より権威のある発言権を獲得すべきである。

二、「和諧世界」は「平和的発展」の合理的な帰結

2005年4月、胡錦涛国家主席はジャカルタのアジア・アフリカサミットで、和諧世界の構築を主張した。これ以降、胡錦濤国家主席、温家宝首相らの中央指導者はさまざまな場面で、何度もこの主張について言及した。和諧世界の構築は熟考を重ねることで次第に明確になった戦略方針であり、中国の国際戦略における新たな発展である。これは中国が一貫して行ってきた独立自主の平和外交政策を受け継いでいると同時に和諧社会・発展戦略の構築は、中国の国際戦略と外交政策上、必然的に反映されるものである。和諧世界と和諧社会の構築は相互補完するもので、ともに中国の新時代の全体的国家開発戦略を構成している。

1．独立自主の平和外交政策を受け継ぐ「和諧世界」の構築

和諧世界論は毛沢東、鄧小平、江沢民の国際戦略思想を受け継いでいる。新中国建国初期、中国は独立自主の外交政策を確立し、一部の発展途上国とともに平和共存五原則を提起した。50年代中頃以降、世界は冷戦状態に入り、中国の国際環境は急速に悪化、多くの困難な課題に直面したが、中国は一貫して独立自主の外交政策と平和共存五原則を堅持し、平和で安定した国際環境の構築に努力した。当然な

がら、当時の国際環境および国内情勢の進展によって、一定程度、中国の国際戦略の実施に影響を与えた。

改革開放以来、鄧小平は時機を判断し情勢を推し量って、国際情勢の発展について新たな判断を下した。様々な制約があるために新たな世界戦争の回避は可能であり、中国は経済建設に重心を移すことができるはずだと考えた。鄧小平はこれ以降、平和と発展が時代のテーマであり、中国は平和な国際環境を十分に生かして開発を加速させるべきだと提起した。対外関係で中国は独立自主の平和外交政策を堅持して、近隣諸国との関係を調整および改善しつつ、発展途上国とのさらなる友好交流を強化し、欧米諸国との経済貿易関係を積極的に発展させ、国外の先進的な技術や資金の導入に努め、国外の先進的な管理経験に学んでいる。これは中国の発展のために平和で安定した周辺環境および国際環境を創出するだけでなく、中国と世界のつながりをさらに密接にしている。中国の改革開放は、全方位的な国際協力と不可分である。江沢民は鄧小平の国際戦略思想を堅持し、豊かに、発展させ、中国はロシア、フランス、EUなど国および国際組織と戦略的協力パートナーシップの構築を推進した。中米関係の一層の発展を進め、上海協力機構の設立とロシア、中央アジア各国との協力を進め、ASEANとの協力を強化した。こうして中国の周辺環境と国際環境がさらに改善された。

新しい歴史的条件の下で、経済のグローバル化は一層発展し、中国の対外交流と協力はさらに密接になった。急速な経済発展に伴い、中国の総合的国力は益々強化され、国際的な影響力は日に日に高まって、地域および国際情勢においてますます重要な役割を果たしている。これが国際的に広範な関心を引き起こしているためか、人々は中国の台頭をさらに論ずるようになり、中国の台頭が米国の覇権的地位を脅かして既存の国際秩序を弱体化させ、さらには新旧の覇権国で戦争が引き起こされるのでないかとの憂慮も存在している。このため、中国政府は「平和的発展の新たな道」を提唱した。すなわち中国は発展の道を平和裏に歩み、中国が強大になっても、覇を称えず、対外拡張も実行せず、各国との友好協力を引き続き堅持する。同時に、中国の台頭は世界に貢献するものであって、脅威とはならず、国力の強化に伴い、中国は世界の平和と発展のためにより大きく貢献すると表明している。中国の発展は各国の発展のために良好なチャンスを提供しており、近隣諸国、多くの発展途上国、欧米先進国の発展を促し、中国の発展は世界の発展の強大な推進力になっている。「平和的発展」の新しい道を提唱することで中国は二つの決意を改めて表明した。まず、西欧列強の台頭で繰り返し引き起こされてきた地域および世界的な衝突や戦争といった旧態依然としたやり方の二の舞を演じることなく回避し、「平和的発展」という新たな道を力を尽くして模索し、実践するとの決意である。第二に、中国の発展過程において現れている経済、貿易、エネルギー、環境などの問題を平和的な手段で処理し、また、歴史に残された問題および発展過程において遭遇するであろう領土、領海紛争などの問題を平和的な手段で解決するという決意である。これに基づき胡錦濤主席は、「今日の複雑な世界に直面し、我々は和諧を重視し、強調し、促進し、持続的な平和、ともに繁栄する和諧世界を構築すべきだ」と指摘、和諧世界構築のためにさらなる提起を行った(1)。特に彼は党第17回全国代表大会報告で、「すべての国の人々が持続的な平和、ともに繁栄する和諧世界の構築のために手を携えていこう」(2)と呼びかけている。

このように、和諧世界の構築とは毛沢東、鄧小平、江沢民の国際戦略思考を受け継ぐものである。「和諧世界」論は、中国の人々が平和を愛し、世界各国との友好的な交流を願っていること、また中国政府が独立自主の外交政策と平和共存五原則を一貫して堅持するとの立場をも十分に示している。和諧世界の構築で提起されているのは、中国の総合的国力がさらに高まり、中国の周辺環境や国際的環境が一層改善し、国際情勢がさらに緩和するという、こうした新しい歴史的条件の下での中国の国際戦略の新たな発展ということである。

2. 中国の国際戦略の新たな進展である和諧世界の構築

和諧世界の構築は、新たな論断であり、中国の国際戦略の新たな進展を示す。

(1) 和諧世界構築の核心と主要な目標は世界の恒久平和と繁栄の実現

平和と繁栄は、すべての人々にとって絶対的な利益および長期的な利益という二つの根本的問題に関わるだけでなく、和諧世界の構築のおける二つの核心でもある。平和は和諧の基本的な前提である。各国が平和裏に共存し、人々が友好的に交流するといった、平和的手段によってこそ双方の対立と衝突を解決し、地域および世界規模で戦争、戦乱、武力衝突、テロ攻撃、各種の暴力犯罪を徐々に減らし、地域と世界の平和を真に実現できるのであり、そうして世界に「和諧」がもたらされるのである。平和と発展は密接に関連している。世界経済が引き続き安定し、協調とバランスのとれた発展を遂げることで、はじめて南北格差の縮小、貧しさや立ち遅れの解消、各国の人々、特に多くの発展途上国の人々は安定して十分な衣食住、最低限度の教育、医療、社会保険を受ける権利が保障される。すなわち世界の繁栄を真に実現し、少数の先進国の繁栄だけでなく、地域と世界が安定することで、ようやく世界の恒久平和が実現される。これこそ和諧世界構築の核心および主要目標である。したがって、2006年9月18日、胡錦濤国家主席はプローディ伊首相と会談した際に、「持続的な平和と共同で繁栄する和諧世界」の建設のためにともに努力するべきだと強調しているのである。

(2) 和諧社会の構築を国際戦略分野まで広げることが和諧世界の構築

胡錦濤主席は党第16期全国代表大会第4回中央委員会全体会議で、科学的命題として「社会主義和諧社会の構築」を提起した。和諧世界構築は和諧社会構築の重要な外的条件である。和諧社会構築の基礎は経済の発展と社会の安定であり、経済が安定して発展を続けていけるなら、人々の生活水準は絶えず向上し、生活の質は絶えず改善され、所得格差は次第に縮小して、社会的再分配はより合理的になり、都市と農村の格差および東部と西部の格差も徐々に解消され、ようやく和諧社会構築のために良好な条件を創り出すことができ、強固な基盤を築くことができる。したがって、胡錦濤主席は、我々は「建設に集中して、一心不乱に発展をはかって」いかねばならないと、繰り返し強調した。そのためには、さまざまな干渉、特に外部環境からの干渉を排除しなければならない。過去の経験は、もし国際情勢が緊張し、周辺および国際環境が悪化すれば、国は建設に集中できないことを示している。例えば冷戦時代、米ソが対立するなか、ソ連は巨大な人力、物資、資金を費やして、米国と軍拡競争を行い、とても「建設に集中して、一心不乱に発展をはかって」いくことができなかった。中ソ関係が緊張した際、中国は米国などの多数の西側諸国とは外交関係さえ樹立していない状態であり、中国はどうしても戦争準備をしないわけにはいかず、「備戦備荒（戦争に備え、自然災害に備える）」「深く壕を掘り、広く食糧を蓄える」といった戦略計画を実施しないわけにはいかず、とても「建設に集中して、一心不乱に発展をはかって」いくことなどできなかった。したがって、中央は歴史的経験および教訓を総括して、和諧社会の構築と同時に、対外戦略においても和諧世界の構築を、と提起しているのである。レーニンが語っているように、一国の外交政策は国内政治の延長であり、一国の内外の政策が密接にリンクしているのである。和諧社会の構築と和諧世界の構築は相互に結合し、また相互に補完して、国の全体的発展戦略がパッケージになっている。

和諧社会とは土台であり、和諧社会を徐々に構築することによってのみ、中国の繁栄かつ安定を強化し、和諧世界の構築を効果的に進めることができるのである。和諧社会の構築にとって、和諧世界の構築もまたなくてはならない外的条件であり、世界が和諧することでのみ、中国はより速やかに、より良く和諧社会を構築することができるのである。

（3）和諧世界の構築が中国の国際戦略目標をより明確化

和諧世界の構築は中国の国際戦略上、二つの目標を示している。第一に、和諧世界の構築を通じて、我が国の発展のために、より平和で安定した周辺環境と良好な国際環境を創出することである。第二に、世界の平和と発展を進めるために必要な貢献をすることである。中国の総合的国力の向上に伴い、中国は責任ある大国として国際舞台でも活発であり、地域および国際関係により積極的に関わり、地域の繁栄と安定、そして世界の平和と発展のためにさらに貢献してきた。党第17期代表大会報告では次のように指摘した。「現代における中国と世界との関係には歴史的な変化が発生しており、今後の中国の運命は世界の今後の運命と日増しにそして緊密に繋がってきている。国際情勢がどのように激しく変化するかに関わらず、中国政府と人民は平和、発展、協力という旗印を高く掲げ、独立自主路線で平和外交政策を追求し、国家主権、安全保障、発展の利益を保護し、世界平和を守り、ともに発展する外交政策を進めるとの目的を遵守する」(3)。和諧世界の構築とはまさにこうした外交目的を高度にまとめたものであることは明らかだ。中国の人民が和諧世界を求めるだけでなく、世界の人々も和諧世界を求めており、和諧世界の構築は中国の国際戦略と外交目的における核心である。

(4) 中国の新たな国際戦略理念を反映する和諧世界の構築

これまで欧米諸国特に歴史上の覇権国における国際戦略は対立と拡張に満ちており、例外なく対外侵略によって台頭を果たしている。台頭して覇権国となってからは、他国からの挑戦に対して策謀を巡らせて妨いできた。そのため、新旧の帝国主義国による植民地争奪戦、さらには新旧覇権国による世界の覇権をめぐる闘争が、数度にわたる局地戦争と2度にわたる痛ましい世界大戦を招いてしまった。第二次世界大戦後、米国などの西側諸国は「熱戦」「冷戦」「平和的移行」などの方法でソ連および東欧の社会主義体制を崩そうとした。冷戦後、米国が唯一の超大国となったが、伝統的な冷戦思考と覇権主義は米国の対外戦略で依然として根強い。米国の基本的な戦略目標は米国一極支配の確立である。すなわち一方では中国などの社会主義国を封じ込め、他方では多くの発展途上国をコントロールし、いくつかのCIS諸国では「カラー革命」によりさらなる変化を促した。しかしその結果、米国による世界支配は達成されず、かえって世界の平和と安定は脅威にさらされてしまった。ある意味、「9・11」も米国のこうした強権政治が招いた報いであるといえよう。それでも米国は根本的には、これらの経験から教訓を学んでおらず、依然として、軍事攻撃と強権政治によって、戦略的目標である世界支配の実現を企図しているようだ。

こうした西側によって続けられてきた国際戦略では世界の平和と安定がもたらされないことは歴史が証明している。和諧世界の構築とはこれらとは全く異なる斬新な国際戦略理念および戦略文化であり、深遠な思想性を有する「中華文明」における「和為貴」といった戦略の精髄を継承し、現代における人類の最高段階の戦略思想の境地を示している。というのは、和諧世界の構築が追求するのは世界各国の友好交流、国際環境における平和と安定であり、こうした平和と安定において中国自身の発展を実現するものだからである。これは中国自身の利益を図っていくだけでなく、すべての人々の共通の利益をも追求するものであり、すべての人々が和諧世界で安らかに生活できるようにするものだからである。

（5）社会主義国の国際戦略の特色を示す和諧世界の構築

1917年10月の社会主義革命以来、世界には社会主義と資本主義の二つの制度、二つのイデオロギー、二つの価値観をめぐる対立と闘争が存在し続けてきた。社会主義国は世界革命を進め、資本主義統治を打倒することで、世界で社会主義と共産主義の実現を自身の努力目標とする。資本主義国もあらゆる手を尽くして社会主義国および社会主義制度を崩そうする。冷戦後、平和と発展は時代のテーマとなり、社会主義と資本主義という二つの制度をめぐる闘争も新しい局面が現れた。中国は最大の社会主義国として、米国および他の西側諸国との関係の改善を続けている。しかし、このことは社会主義と資本主義の二つの制度、二つのイデオロギーをめぐる闘争が存在しないことを示しているわけではない。「和諧世界の構築」とは我々が社会主義の理想と努力目標を諦めたことを意味しているわけではない。周知のように中国は、社会主義の発展へ向かっての努力目標を変わることなく堅持しているが、それには世界の社会主義の発展の進め方や歴史の経験と教訓の総括が必要である。全体的に見て、すべての国の人々は自己を革命する道を自ら選び、自国の社会主義運動の発展を自ら進めるべきで、各国間において互いに支持はしても、革命を輸出するわけにはいかず、互いに取って代わったり、互いに干渉したりすることはできない。国家間関係については、互いに尊重し、互いに内政干渉せず、平和に共存していくべきである。和諧とは国と国の間、国民と国民の間に和諧があることであり、また世界情勢および国際環境に平和と安定があり、社会主義と資本主義の二つの制度、二つのイデオロギーが収斂しているわけではなく、また我々が社会主義の理想と目標を諦めたことを意味するわけではない。

「和諧世界の構築」では、各国間の平和共存を強調し、各国の国民間の友好交流の促進も提起している。イデオロギー、政治的観念によって、我々は自らの理想や信念を他者に強要せず、いかなる外国、特に西側諸国による政治制度、価値観、イデオロギーからの強要にも反対するものだ。我々は政治制度、イデオロギーと文化における多様性を提唱する。各国の制度、イデオロギーの善し悪しについては各国の国民が自ら判断すべきである。この点における相違によって各国間の平和共存や、国民間の友好交流が妨げられるべきではない。したがって、党第16期代表大会報告では次のように指摘している。「世界のさまざまな文明、異なる社会制度、そして発展への道のりについては、互いに尊重されるべきで、競争し、比較するなかで、長所を取り入れ短所を補い、求同存異にあって、ともに発展していくべきである」(4)。和諧世界の構築とは、こうした思想のさらなる発展ということもできよう。

3. 和諧世界構築の積極的な推進

和諧世界の構築は素晴らしい理想および努力目標だが、その実現には中国と各国の人々がともに長期的で多方面にわたる努力が求められる。

経済分野においては相互協力、優位性の相互補完を堅持し、経済グローバル化に際してよりバランスがとれ、特恵的で、ウィンウィンの方向への発展をともに進めるべきである。経済のグローバル化が発展するにつれて、各国の経済上のつながりはより密接になっている。いかなる国民経済の発展も世界経済の発展と離れてはなく、各国間はこうした潮流に順応して、互恵協力をさらに強めることで、自国経済の発展と世界経済の繁栄を進めていくべきである。また長期的には、各国が追求すべきなのは「相互利益」または「ウィンウィン」であり、新たな保護貿易主義を防止、反対し、そして他者の損害によって自らの利益を得るようなやり方には反対すべきである。現代世界において南北の格差は日増しに拡大し、貧しい国はより貧しくなり、富める国は益々富み、これは、いうまでもなく多くの原因によるものではあるが、富める国が貧しい国を救済しその発展を手助けすべきであるという責任は不可避である。南北格差が次第に縮小し、地球上の貧困を解決することによってのみ、各国経済が調和のとれた発展を実現でき、和諧世界の構築のために、確固たる物的基盤を打ち立てることができるのである。

政治およびイデオロギーにおいては、「和而不同」原則を堅持するべきである。２００６年9月、温家宝首相はフィンランドで開催された第6回アジア欧州首脳会議（ＡＳＥＭ）で「和而不同」思想について「世界の文化と文明的な多様性は過去に存在しただけでなく現在も存在しており、今後も長きにわたって存在し続けるものだ。科学、民主、法制、自由、人権は人類の長遠な歴史過程のなかでともに追求してきた価値観であり、ともに創造してきた文明的な成果である。ただ異なる歴史段階、異なる国々にあって、その実現形式や方途はそれぞれで、統一されたモデルというものはない。こうした世界の文明的な多様性は人の主観的な意志が客観的な存在へと転移したものではない。まさにこうした多様な文化の融合が人類の進歩を促進するものである」(5)と詳しく述べた。党第17回代表大会では次のように強調されている。各国は政治では互いに尊重し、対等に協議すべきで、国際関係の民主化をともに進めるべきだ。各国は和諧精神に基づいて平和、和睦、和諧世界の構築を進めるべきだ。「和而不同」とは実際、和諧世界の構築に必要な前提である。

国家間関係においては、「国連憲章」の目的と原則に従い、国際法と公認された国際関係規範を遵守し、民主、和睦、協力、ウィンウィンの精神を発揚すべきだ。各国はイデオロギーと社会制度の違いにより国家間関係の親疎を決定すべきではなく、成長モデルの相違によって相互協力へ影響することのないよう、対外関係において相互に尊重し、平等に接することを提唱し、平和共存五原則に則って各国との友好協力関係を発展させるべきだ。平和と発展という国際環境にあって、国家間関係では依然としてこうした対立と衝突は避けられず、対立の激化、衝突のエスカレーションを適切に処理できず、さらには地域紛争をも招いてしまう。したがって我々が提唱しているのは、交渉によって、また友好的な協議を通じて国家間の対立と衝突を解決し、対立と衝突のエスカレーションによる地域紛争を防止し、地域の安定と世界の平和が破られないようにし、和諧世界を構築することで世界に安全を提供することである。

同時に、我々はいかなる形式での覇権主義および単独行動主義に対しても根気強く反対していくべきだ。和諧社会の構築にはすべての人々がともに努力する必要があり、各国が相互に信頼し合い、相互に尊重し合う必要があり、国際関係の民主化実現に努力すべきである。国の大小を問わず、互いに平等で、互いに協議して地域および国際問題を処理すべきで、覇権主義および単独行動主義は根本的にこれらの国際規範に背くものであるから、和諧世界の構築に影響を及ぼしてしまう。

文化については、互いに学びあい、「求同存異（大同につき小異を残し）」、世界の多様性を尊重し、人類文明の繁栄と進歩をともに促進すべきである。各国の文化および伝統には含まれる言語、宗教、風俗や習慣など千差万別であり、それぞれの歴史や固有な国情から定まったもので、優劣、高低、善悪の別といったものは存在しない。相互に尊重し、和諧共存し、互いに学びあうことによってのみ、和諧世界の構築になじむ文化的背景を創り出すことができる。米国などの西側諸国が十分な経済力を後ろ盾に、先進的かつ近代的な手段、さらには暴力的な手段、軍事的な手段を通じて西側文化を強要し、その他の文化を貶め、排斥することに反対し、防止しなくてはならない。このようなやり方ではさまざまな文化の発展と世界の文化の繁栄に対してだけでなく、東西の文化の衝突を招くことで、和諧世界の構築にも悪影響を及ぼしてしまう。「9・11」によりイスラム世界および一部のアラブ諸国と欧米諸国との対立が先鋭化し、深刻な文化的衝突の要因となっている。同時に、和諧世界の構築は障害となる国際テロ、民族分裂主義および過激主義にも反対すべきである。

当然ながら、和諧世界の構築は長期にわたる紆余曲折の苦闘が予期される過程であり、さまざまな挑戦と障害に直面することを、我々は十分に理解すべきである。我々は覇権主義、単独行動主義や強権政治がいまだに横行し、特に米国は重要な地域および国際関係において依然として重要な役割、分野によっては主導的な役割を担っていることを認めざるを得ない。米国は国連を避けてまでいくつかの重要な国際的な介入および軍事行動を行っている。例えばイラク戦争の開戦でも国連の許可を経ていない。和諧世界の構築においてまず直面することは対米関係をどのように処理するか、多国間外交および国際関係の民主化を通じて、どのように覇権主義、単独行動主義および強権政治を抑制するかという問題である。これが和諧世界の構築の上で最も基本的な条件の一つである。このほか南北の格差は絶えず拡大し、さまざまな非伝統的安全保障的要因の変化は見通し困難であり、特に国際テロ、民族分裂主義そして過激主義の蔓延によってそのいくつかの地域紛争は長期にわたって解決できず、いくつかの新たな対立、例えばイラン核問題と朝鮮半島問題もいつでも悪化する可能性がある。これらの問題はそれぞれ異なる程度において、和諧世界の構築に影響し、中国、関連諸国そして国際組織がともに努力して解決することが必要である。

三、中国が堅持する「平和的発展の道」は和諧世界構築に有益

1．中国が堅持する「平和的発展の道」は国際秩序の安定と改革に有益

和諧世界とはまず平和な世界であり、不安定、混乱、対立そして紛争に満ちた世界は和諧とはいい難い。中国が堅持する「平和的発展の道」とは中国が時代の発展や潮流、そして自国の根本的な利益に基づいて選ぶ戦略であり、かつ和諧世界の構築を進める上での根本的な根拠である。中華民族が心から愛する平和とは、世界平和を守る確固とした力である。中国は中国人民の利益と各国人民の共通の利益をしっかりと結びつけ、独立自主路線で進む平和外交政策を堅持し、国の大小、強弱、貧富を問わず平等であること、各国人民の発展の道を自ら選ぶ権利を尊重し、他国の内政に干渉したり、自らの意志を強要したりは決してしない。中国は防衛的な国防政策を実施し、軍拡競争にはかかわらず、いかなる国に対しても軍事的脅威となることはない。中国はさまざまな形式の覇権主義と強権政治に反対し、永遠に覇を称えず、拡張しない。中国は国際的紛争およびホット・イッシューを平和的に解決し、地域的および国際的安全保障協力を推進し、多国間枠組みに積極的に参加し、相応の国際的義務を担いゆくことに力を尽くす。

公正で合理的な国際政治経済秩序は世界平和を守る基本的な保障であり、不公正かつ不合理な国際政治経済秩序は世界の平和に悪影響を及ぼし、損なうものだ。現代世界の国際政治経済秩序はまさに大きな変革と調整の時期にあって、国際的なパワーバランスは世界平和を守る方向に発展する上で有益であり、国際情勢は全体的に安定しており、平和と発展を時代のテーマに平和を追求し、協力を図り、協力を進める時代の潮流は短期的には変わりえない。しかし現在の国際政治経済秩序はまだ、多くの不公正や不合理もあれば、覇権主義や強権政治もいまだに存在しており、覇権主義や強権政治に反対し、不公正で不合理な国際政治経済秩序を改革することは世界各国の共通認識として強く求められており、中国ももちろん例外ではない。中国はまさに台頭する大国であり、人々は自然とこうした従来の国際政治経済秩序改革においての主要な責任を中国に与えた。こうして中国は従来の国際政治経済秩序においては変革者、新しい国際政治経済秩序構築においては推進者と不可避的に見なされているようだ。総合的国力が強まるにつれて、国際的地位も向上しつつあり、国際的影響力も拡大しつつあるなかで、中国と従来の国際政治経済秩序、そして旧覇権国の対立と衝突は避けられないであろう。これこそ従来の国際政治経済秩序の保護者および旧覇権国が恐れ、警戒することである。中国の「平和的発展の道」の堅持とは、中国はまず現行の国際政治経済秩序及び関連する国際制度を守らねばならず、自発的に覇権国に挑戦するわけではなく、従来の国際政治経済秩序の改革にも急がないということを意味するものだが、これは決して中国が従来の国際政治経済秩序について自身の見解がないということを意味しない。そうでなく中国は覇権主義と強権政治に断固反対し、現行の国際政治経済秩序の改革を提唱するが、平和的な手段によって改革し、対等な協議によって公平に交渉することで共通の認識に達し、それぞれの利益を調和させ、関連する制度、体制、手続きを改正して、関連国際組織の改善を望んでいるだけである。このように中米、中欧、中日、中露の間では直接的な衝突が発生せず、世界の平和と安定は維持され、進んでは和諧世界を構築するために良好な条件と雰囲気が創出できるのである。

同様に、中国の「平和的発展の道」の堅持が大国間関係を調整するために有益であり、大国間関係は国際政治経済秩序を守り、和諧世界の構築を進める上で極めて重要な役割を果たしている。大国間関係の協調は世界の平和と安定の基盤および前提であり、大国間関係の緊張および対抗状態は、必然的に国際情勢を緊迫化させる。すなわち、大国間関係は国際関係全体にかかわるものであり、他の一般的な局地的な危機および衝突とは全く性質が異なる。したがって、大国間関係の良し悪しは和諧世界の構築に直接的に影響する。中国の平和的台頭は必然的に既存の国際的なパワーバランス、特に大国間のパワーバランスにさまざまな影響を及ぼし、新しい対立と問題を生じさせるであろう。中国経済の急成長により経済規模で日本を上回り、米国に次いで世界第二の経済大国となった。日本は長らく世界第2位、アジア経済の覇者であったが、中国に追い越されるや強い喪失感と危機感に襲われた結果、対中政策に歪みが生じてしまった。台頭に伴って中国の国際的地位も向上し、国際関係における役割も徐々に大きくなり、対米・日・欧の二国間関係における齟齬も徐々に顕在化していくであろう。中露間の経済力および総合的国力でのギャップが大きくなるに伴い、二国間の戦略的協力パートナーシップも新たな試練に直面している。中国の台頭をめぐって、大国間関係では絶えず調整がなされるものの、さまざまな新たな対立や衝突が発生することは疑いない。これら対立や衝突をうまく処理できないとすれば、和諧世界の構築にも影響が出てくる可能性がある。中国は「平和的発展の道」を堅持し、平和共存五原則を基盤にすべての国との友好関係を発展させることを堅持し、米露日英仏独などの大国との戦略対話を強化し、相互信頼を高め、協力を深め、相互の相違を適切に処理し、相互の長期的安定と健全な発展を進めていく。こうして大国間関係における対立を解消し、衝突を回避し、関係を改善するための必要な条件を創出することは、和諧世界の構築に有益である。

現代世界では伝統的安全保障における脅威と非伝統的安全保障における脅威が入り混じっており、国際テロ、民族分裂主義、過激主義はいまだに蔓延し、世界各国の安全と安定を脅かしていることは、各国が直面する共通の敵である。「三股勢力（三悪：テロリズム、分離主義、宗教上の急進主義）」に歯止めをかける戦いは長期にわたる複雑な難事業であって、軍事的な手段だけでは効果は上がりにくいものだ。この「三悪」を生み出す民族対立、人種差別、貧困などの問題を同時に解決しなければならず、南北格差をさらに縮小し、国際政治経済秩序がより公正で合理的な方向に向かって発展を進め、世界各国そして各民族の相互理解、相互協力、相互支援を実現することこそ、和諧世界の構築が追求する重要な条件と目標である。したがって中国は、一方では「三悪」、特に現在我が国にとって最大の危機となっている民族分裂主義および民族分裂主義によって画策されるテロ攻撃、暴行・破壊・略奪・放火・焼き討ちなどに対しては断固として打撃を与え、米国やロシア、インド、パキスタン、インドネシア、中央アジア諸国の国際テロ対策を積極的に支援する。また、中国は、「平和的発展の道」を堅持し、政治、経済、文化、教育など非暴力的な手段を通じて対立を解消し、民族の団結、社会の和睦、各民族がともに発展することを堅持する。中国のこうしたアプローチは、中国および世界各地の対「三悪」闘争の全面的な勝利を得ていくためだけでなく地域の安定と世界の平和を守るためにも有益であり、最終的には和諧世界の構築する上で積極的な貢献を果たしている。

2. 中国が堅持する「平和的発展の道」は地域の平和と安定の維持に有益

和諧世界を構築するためにはまず地域の和諧を図るべきであり、そのためには我が国の近隣地域の平和と安定の実現に努力しなければならない。現代世界においてアジアは国際的に注目されており、潜在的な危機が比較的際立つ地域であり、中国と日本、ベトナム、マレーシア、フィリピンなどとの国々に跨った領海紛争や、中国インド間およびインドパキスタン間の領土紛争などが続発しており、アジア地域情勢を不安定にしている。これらの問題は関係国の核心的利益に関するもので、それぞれに複雑な歴史的要因が存在し、解決も困難であるため、疑いなく地域の平和と安定の実現や和諧世界の構築の上で最大の障害の一つである。中国が平和的発展の道を堅持することは、地域情勢の緩和および漸進的解決に有益である。根本的には、各国が平和的な方針を堅持することによってのみ対立の激化が避けられ、もたらされる武力衝突を効果的に防止でき、そして各国が比較的友好かつ寛容な雰囲気で互いに理解し譲歩しあって、心から協力する精神で、問題解決への方途を模索できる。以前、鄧小平時代に中国は「問題を棚上げし、共同開発することが可能」であるとの基本方針を提起したが、これは中国の「平和的発展の道」における重要な要素である。中国は確固としてこの方針を貫くだけでなく、新たな歴史的条件においても、この方針を発展させつづけていく。

北朝鮮核問題は地域の安定を損ない、地域および世界平和に悪影響を及ぼす重要な問題であり、和諧世界を構築する上での大きな障害である。中国は「平和的発展の道」を堅持し、その平和的解決を提起し朝鮮半島の非核武装化を支持し、積極的に努力し貢献するとともに、いかなる対立の激化や危機のエスカレーションにも反対する。この平和的解決のために中国は六者協議を提唱するとともに見事に組織し、これまで6回にわたって開催してきた。これについては参加した当事国や世界各国および国連などの国際機関からは十分に肯定的な評価が与えられている。六者協議はかつてない困難に直面しているが、中国は対立の解消、障壁の排除に今なお努力しており、当事国に早期の交渉再開を呼びかけている。結果として六者協議だけが、北朝鮮核問題の解決への方途である。この問題における中国の立場やアプローチは中国に平和的発展の道を堅持し、和諧世界の構築を積極的に進めていく決意があることを示している。

3. 中国の「平和的発展の道」の堅持は世界の繁栄に有益

和諧世界とは互いに協力し合い、ウィンウィンの関係の下でともに発展する世界であるべきだ。中国が「平和的発展の道」を堅持することはまさにそれを実現するためである。長期的な観点からみて、それに影響する主要な問題は、如何にしてより公正で合理的な国際政治経済秩序を構築し、各国との経済交流、経済技術、金融協力および資源の需給などの諸問題の解決に努力していくべきかである。こうした問題は二国間あるいは多国間の武力衝突や紛争を直接的には招くことは通常ありえないものの、処理を誤ると、各国と各勢力間の関係が悪化し、和諧世界の構築を妨げてしまう。中国は平和的発展の道を堅持し、ウィンウィンの関係といった開放戦略を一貫して遂行し、自らの発展によって地域と世界の共同発展を進め、それぞれの共通の利益を拡大し、自国の発展の実現と同時に、相手国、特に発展途上国の正当な需要にも配慮していく。中国は一貫して国際貿易の規則に則り、市場参入を拡大し、法律に基づいて協力者の権益を守ると同時に、国際貿易・金融体制の改善を支援し、貿易と投資の自由化、円滑化をさらに進め、協議と協力を通じて貿易摩擦を適切に処理する。中国はウィンウィンの原則に基づき、経済発展に必要な国際的な資源供給問題を解決する。同時に、平等な競争、相互協力の原則に基づいて、資源輸入国との相互関係を十分に処理する。中国は「与隣為善、以隣為伴（善意をもって隣国に対処し、隣国をパートナーとする）」との方針を引き続き貫徹し、近隣諸国との善隣友好および実務協力を強化し、地域協力を積極的に展開し、平和と安定、平等と相互信頼、協力とウィンウィンの地域的環境をともに築いていく。中国は多くの発展途上国との現実的な協力を引き続き拡大し、そのためにできるかぎり援助し、発展途上国の正当な求めと共通の利益を擁護する。中国も発展途上国自ら発展できる力を強め、生活を改善し、南北格差を縮小することを国際社会とともに支援していく。こうした努力は和諧世界の構築に役立つものである。

4．中国が堅持する「平和的発展の道」は各国との協力に有益

和諧世界とは持続可能な成長、素晴らしい環境が実現された安らかな世界でなくてはならない。現代世界は大気、水、環境の汚染がいよいよ深刻になっており、地球温暖化の傾向はますます顕在化してい

ることから、世界から広範な関心や懸念を集めており、多くの論争や争いをも引き起こしている。それぞれの利益に関わることもあって、先進国と発展途上国間および各国間でお互い非難し合う場面も見られ、生態環境悪化および地球温暖化の防止活動は困難を極めている。いくつかの国および国際組織は、中国経済の急成長により環境が汚染され、地球温暖化が加速されていると、根拠もなく非難している。このような根拠のない非難には、また別の動機が隠されているようだ。中国が「平和的発展の道」を堅持し、科学的発展観の徹底的な実践を堅持することは経済の安定、協調および速やかな成長を促すと同時に、本腰を入れて環境汚染および省エネ・廃棄物削減問題を解決していかんとすることである。これは自国民に対する責任を担うことであり、かつ人類の生存環境保全への積極的に貢献することでもある。現代世界の生態環境問題はさまざまな理由により引き起こされており、特に先進国に主な責任があるにもかかわらず、中国は生態系の改善や気候変動防止に関わる国際協力に積極的に関与しており、さらなる国際的責務を担っている。中国は世界各国とさまざまな環境保護団体とともに積極的に努力し、人類が生きるべき地球という「ふるさと」をともに守っていく。

四、中国の平和的発展における国際戦略

1．中国の国際戦略における基本的視点

中国が「平和的発展の道」を堅持するには、対応する国際戦略を定める必要がある。国際戦略はまた、

一国の全体戦略の範囲内でなされるべきものである。中国の関心は現在、国内問題にある。まず十数億人分の衣食の問題を解決すること、次に社会全体がある程度裕福な水準に達した「小康社会」を建設することであり、今世紀中葉までに新興国レベルに到達させ、中華民族の偉大な復興の実現に極力努めるべきである。これは何よりも重要で偉大な努力目標であり、国内の発展戦略の核心要素でもある。中国の国際戦略はこの偉大な努力目標および発展戦略に沿って、実施されるべきだ。国際および国内情勢の相互関係のなかで発展の方向性を把握し、国際および国内資源におけるそれぞれの優位性で補い合うことで発展の条件を作り出し、国際的そして国内的要因の総合的効果によって発展の全局面を掌握するために努めるべきである。国内発展戦略を実施するために良好な国際および周辺環境を創り出し、人類の平和と発展を進めるために積極的により良く貢献することは、中国の新時代の国際戦略における重要な指導原則および基本的構想である。中国の国際戦略は前述の2点から始まり、次の3大構想を創り出した。

(1) 多国間主義と「力の均衡」戦略を通じて国家の安全を守る

国際情勢、世界構造、国際戦略のパワーバランスという視角からは、中国は多国間主義外交が実施する「バランス・オブ・パワー」戦略によって自国の安全を守る国際戦略を選択した。中国は多国間外交によって「バランス・オブ・パワー」戦略を推進し、パワー・バランスを維持することを基本路線としている。多国間外交と多国間主義には密接な関係がある。いわゆる多国間主義とは一定の制度、組織および手段を中心に、公認された国際行為規範に従って、3カ国あるいはそれ以上の国家間関係を調整し、協力を実現することにより、ある種の共通の利益を追求する主張または戦略である。つまり、制度的措置を中心とする多国間主義は制度的多国間主義と、組織または機構を中心とする多国間主義を組織的多国間主義と、ある手段を中心とする多国間主義を手段的多国間主義と、ある戦略を中心とする多国間主義を戦略的多国間主義と称することができる。多国間主義、特に冷戦後に生起した多国間主義は価値があり、理論上では研究するに値し、実践上では追求するに値する。その価値は単独行動主義（ユニラテラリズム）に対抗し、覇権主義に反対するための力強い手段であること。次に、国際関係の民主化を実現する上で、比較的理想的な制度的取り決めであること。また、小国の利益を守り、大国の行為を制約する戦略たりうること。さらに、国際協力と地域協力を図る理論的基礎であること。そして、手段として、国益、地域益、地球益を比較的良く調整でき、ウィンウィンの実現に有益で、全世界と地域の平和、安定、繁栄の維持にも有益であることである。

冷戦終結後、世界では一つの超大国と多くの強国という一超多強の国際関係構造が形成された。米国は唯一の超大国として単独行動主義を積極的に進め、自らが主導する一極化した世界の構築に努めた。こうした状況において、中国は世界の多極化を提唱した。この主張は中国の多国間主義外交の理念を体現するもので、また中国が多極化を通じて国際的なバランス・オブ・パワーの実現を図ろうとする戦略思想をも反映している。多極化とは国際関係の現状を説明するだけのものではなく、一極化や単独行動主義に対応する戦略方針なのである。その意図するところは多極化によって一極化を抑制することで、ある種の戦略的バランスを達成し、進んでは世界の安定と中国の安全を維持しようとすることである。しかし多極化とは中国、ロシアなどの国の主観的な願望に過ぎず、客観的に多極化の世界構造がすでに形成されたわけではない。多極化とは今後の数ある発展方向の一つであって、その過程では多くの困難に満ちた紆余曲折があり、決して順調に形成されるようなものではない。

（2）戦略的パートナーシップを進め、国際戦略における立脚点を築く

中国が提唱する非同盟政策には、二国間だけでなく、多国間のものも含まれるが、全面的に多次元な非同盟政策である。しかし、国家間における利益や戦略目標などの相違は客観的なものである。国家間の利益において共通点以上である場合もあれば、それ以下の場合もあろう。これは社会制度およびイデオロギーはいうまでもなく、国際戦略および外交政策における価値基準、目標の確定とも関連があり、さらには相互の経済、政治、軍事、戦略などにおける相互の需要とも関係がある。そのため、国同士の交流においては互いの距離感や交流のパターンおよび親密度などの面でそれぞれ異なる。国際関係におけるこうした現況に基づき、中国は独立自主の平和外交政策といった前提を堅持しながら、異なるタイプの国家間関係を処理する際には、多種多様なパターンおよび具体的方法を採用する。なかでも特に注目を集めるのは、90年代中頃以降に中国がロシア、フランス、ＥＵなどと設立した「戦略的パートナーシップ」であろう。

しかしこれまでのところ、「戦略的パートナーシップ」とは何であり、その内包と外延をどのように

定義づけるかについては意見が分かれる。どのような基準で、どのような国とどのような関係を構築するのかについて、明確で確固とした定義は確立されていない。中国の国際戦略における「戦略的パートナーシップ」の構築と発展には、一つの戦略方針として、さらなる科学的な論証が待たれるといえよう。それにも関わらず、実際には「戦略的パートナーシップ」対象国の選択について、そして関係国との「戦略的パートナーシップ」を発展させる重点と特色などについて中国はあくまで熟慮の上で決定していくものだ。すでに設立され、あるいは以前設立された（さまざまな要因によって中断されている）戦略的パートナーシップについては、少なくとも以下の結論が得られよう。

戦略的パートナーシップは双方の関係を引き上げるもので、多国間協力には関連しない。戦略的パートナーシップは世界の構造変化と大国間関係のさらなる調整である。戦略的パートナーシップ構築を確立し発展させる出発点と到達点は、中国の国際戦略を構築するための戦略的立脚点である。戦略的パートナーシップのパターンは統一されておらず、また完全には安定していない。戦略的パートナーシップはあくまでオープンなもので、第三者に向けたものではない。

（3）地政学的な優勢および安定を発揮し、周辺環境を改善しつづける

中国の地政学的戦略における根本的な目的は周辺の安定であり、良好な周辺環境の創出である。このため、中国は二つの基本方針を確定した。第一に、善隣友好を強化し、与隣為善、以隣為伴（善意をもって隣国に対処し、隣国をパートナーとする）を堅持する。この方針の下、中国はロシア、モンゴル、

中央アジア諸国、ベトナムとの領土・国境問題を適切に解決し、その解決によって近隣諸国との協力関係のさらなる発展のための条件を創出した。２００５年12月、温家宝首相は東アジアサミット対話会議で政府を代表し「睦隣、安隣、富隣（隣国と和し、隣国を安んじ、隣国を豊かにする）」を提起した。これ以降、善隣友好関係は一層発展した。第二に、協力を通じて、当該地域の平和と繁栄を促す。これにより、中国はロシア、中央アジア諸国とともに上海協力機構を設立した。ＡＳＥＡＮとの協力を強化し、中国ＡＳＥＡＮサミットを制度化した。北朝鮮核問題については六者協議を提唱・主宰し、ＡＰＥＣへも積極的に関与している。

2. 中国の国際戦略における基本的特徴

中国の国際戦略における基本的特徴とは、国際社会への関わりを一層深め、対外関係の発展においては社会制度、イデオロギー上の相違にこだわらず、責任ある大国の姿勢で世界政治の舞台で活発に活動し、対外関係処理においては一層の柔軟性と実務性をもって、戦略的重点を一層明確にしていくことである。

（1）国際社会へのさらなる関わり

党第11期第3回中央委員会全体会議以来、中国は対外開放政策を実施してきた。一方では優遇政策を制定し、関連制度および機関を改革し、国外から資金、技術および管理体制などを積極的に導入してきた。

もう一方では自国商品の輸出を促進するとともに、国内外で経済協力、技術交流を強化してきた。こうして中国は国を大きく開くとともに、世界へ向かって自ら歩み寄っていった。90年代中頃以降、経済のグローバル化の加速に伴い、多くのマイナス影響ももたらされ、反グローバル化の波も世界の各地、特にいくつかの発展途上国に及んでいる。こうした状況下で中国は将来を見据え、経済のグローバル化では人の意志が客観的な趨勢となるわけではないから経済のグローバル化の過程に積極的に参加して挑戦に応答し、機会を捉え発展を加速させるべきであると判断した。このために中国は、WTOや関連国際機関の加盟には自ら申し立て、各国との経済の上でも密接に連携をとりあい、国際協力を強化している。中国はすでに外資獲得で世界最多の国の一つとなり、また世界的な貿易大国として米日欧などの国や地域の重要な貿易相手国となっている。中国経済の発展は世界を必要とし、世界経済の発展も中国の経済成長の牽引を必要としているといっても過言ではない。党第16期全国代表大会報告でも次のように指摘している。「私たちは歴史の潮流に順応し、全人類の共通の利益を守ることを主張する」「経済のグローバル化の積極的推進は共同の繁栄に向かう上で有益であり、利を採って害を避け、各国、特に発展途上国が利益を得られるようにする」(6)。

（2） 社会制度およびイデオロギー上の相違にこだわらず各国との関係を発展させる

長期にわたって、社会制度とイデオロギーは社会主義国と資本主義国（特に発達した資本主義国）の間にある大きな障害であった。一部の国とは正式な外交関係が結ばれてはいたものの、互いに戦略上の

「敵」とみなしていた。冷戦期、米国をはじめとする資本主義国は社会主義国に対し、包囲、封鎖、封じ込めといった性質の戦略を実行し、武力および平和的移行によって、その社会制度とイデオロギーを変えるよう目論んできた。社会主義国は帝国主義と植民地主義に反対し、そして世界革命の推進という国際戦略の支持している。言うまでもなく、双方ともに政治およびイデオロギーの目標を国益よりも優先していた。社会主義国と資本主義国の間にだけこうした状況があるのではなく、社会制度の同じ社会主義国間でも同様である。以前、中国と旧ソの両社会主義大国間でもイデオロギーの相違、すなわち国際共産主義運動の路線をめぐって相違があり、両国の外交関係の中断にまで影響を与えてしまったことすらある。明らかに国際関係において社会制度とイデオロギーを過度に重視し、それらを国益よりも優先してきた結果、国家間関係に対し深刻な影響がでてしまった。これらはいわゆる冷戦型思考に表れる主要な特徴であろう。

鄧小平は歴史の経験と教訓を総括し「対外関係において社会制度とイデオロギーによる線引きをせず、平和共存五原則に基づき、すべての国との友好協力関係を発展させることを強調する。国家間関係を考慮し、戦略的国益を基点とし、長期戦略的な国益に着目すると同時に、相手国の利益を尊重し、歴史の恩讐は論争せず、社会制度とイデオロギーの相違についてもこだわらない」(7)。こうした鄧小平の戦略思想の下、中国は多くの発展途上国との関係を強めただけでなく、ロシアなどの国々と戦略的パートナーシップを構築し、また先進国とも国家関係を正常化し、良好な経済協力関係を構築した。いくつかの西側諸国が冷戦型思考を引きずり、中国を「封じ込め」ようとする間違ったやり方に対し、江沢民は党15期代表大会報告で「先進国との国家関係を引き続き改善し、発展させ」「国家間関係では社会制度とイデオロギーの相違を超越しなければならない」と指摘している(8)。党第16期代表大会報告では「社会制度とイデオロギーの相違にこだわらず、平和共存五原則に立って、共通の利益を拡大し、この相違を適切に解決する」(9)と述べている。

中国は社会主義制度を堅持し、改革開放を積極的に進め、中国の特色ある社会主義建設に努めるが、しかし自国の社会制度、イデオロギー、社会主義理念を他国に決して強要はしない。中国共産党には共産主義の崇高な理想があるが、各国の革命事業についてはそれぞれの国の人民自身によって推進されるべきものであることを理解しており、与党として国力を利用して革命の輸出や、世界革命の推進などは絶対にしない。中国は資本主義制度に賛成はしていないし、資本主義国の内部事情には関与しないと同時に資本主義における一切の経験や方法を簡単には否定しないどころか、かえって市場経済、企業管理、政治文明等を含む資本主義における有益な成果を積極的に参考にしている。こうした戦略思考の大きな変化によって中国の国際戦略および国際関係には重大な影響が生じている。西側諸国はこの変化を認識しかつ積極的に対応し、対中戦略における冷戦型思考モデルを変えるべきである。この一点を見逃していない海外の学者は次のように述べている。中国は西側の民主化を拒絶してはいるが、中国国外においては西側の民主化の反対を煽るようなことはしておらず、西側諸国もイデオロギー上の相違を理由に中国を競争相手として「封じ込め」するべきではない。

（3）責任ある大国の姿勢で世界政治の舞台で活躍

冷戦終結後、鄧小平は「冷静観察、穏住陣脚（足下を固め）、沈着応付、韜光養晦（鋭気や才能を隠して時を待つ）、有所作為（為すべきを為して業績を上げる）」との戦略方針を提起した。なかでも決不当頭（決して先頭に立たず）を基本国策として強調している。この戦略方針の提起は主として次の二つの面を考慮したものである。第一に、中国の社会主義建設と改革事業はいま肝心な時期で引き続き経済建設を中心とする必要があり、全力で国内問題を解決しなければならない。そのため、国際的に緊張した情勢を最大限緩和して各種の対立を解消し、国内の建設および改革に良好な国際的および周辺の環境を創出する必要がある。第二に、ソ連崩壊と東欧の急変以後、中国の戦略的地位および国際環境には非常に大きな変化が起きている。ソ連を制約する中米協力による戦略はもはやとりえない。世界の社会主義が低調で困難な時期にあって、中国は最大の社会主義国として、ある意味、冷戦期のソ連のような立場にあるともいえる。米国はソ連という戦略上の主要「敵」国を失ってから、戦略を調整し、新たな戦略目標および的を定めつつある。もし中国がその矛先を避け、注意深く行動できなかったとしたら、すぐに米国の主要な戦略目標と矛先が向かう的となってしまい、国際環境が急激に悪化することで国内の建設および改革に影響を及ぼすだろう。実践が証明するように、鄧小平の戦略方針を徹底的に貫くことにより、中国は相対的に平和で安定した国際環境を勝ち取り、世界の多数の国々との関係を改善し発展させたのである。これは全く正しいことである。

この10年余りの間、中国経済は急成長し、総合的国力が著しく向上し、国際的地位は高まり続けている。これは中国が今までの「韜光養晦」や「決不当頭」の戦略方針を変えても良いということを意味するものではない。実力的に、中国はまだ先頭に立てない。戦略的にも、「韜光養晦」「不鋒芒畢露（才能をひけらかさない）」「決不当頭」「不称覇（覇を称えず）」は中国の長期的方針であり、実力があるとしても変わるものではない。しかし、経済のグローバル化と世界の多極化の進展に伴い、人類は幾多の深刻な挑戦と共通の課題に直面しており、中国が地域と国際関係においてより多くの責任を担い、より大きな役割を果たしていくことが必要となってきた。まさにこうした国際的状況下で、中国は責任ある大国になると約束したのである。これは中国が国連安全保障理事会常任理事国および国際機関における重要なメンバーとして、国際紛争の解決、世界の平和と発展を推進する上でより大きな責任、より大きな義務を引き受けるということ、また地域の経済協力、安全保障と安定の実現という面でもより大きな役割を果たすことを意味する。実際、中国は国連安全保障理事会でこれまで多かった棄権を減らし、転じて旗幟鮮明に立場と態度を表明するようにした。例えば、国連改革を支援し、安全保障理事会に第三世界からの代表を増やすことを支持し、日本の「常任理事国入り」方案に反対し、国連事務総長選出にはアジア人を選任すべきであると主張してきた。また例えば、イラン核危機の平和的解決を提起し、各国が自制した態度をとり事態の拡大を防止するよう求めると同時に、問題の解決を促進するため、同問題を安全保障理事会に提起し討議することに賛成の一票を投じた。また例えば、ＰＫＯへの派遣を開始し、ハイチとアフリカ、中東のいくつかの国でのＰＫＯ任務に参加している。中国はロシアと中央アジア諸国と上海協力機構を設立するとともに、地域の安全保障、安定、協力において益々大きな役割を担う同機構を積極的に推進している。中国が提唱し、主宰する朝鮮半島問題の六者協議によって北朝鮮の核問題と関連する緊張した情勢は緩和されている。中国はＡＳＥＡＮとＦＴＡプロセスを進め、ＡＳＥＡＮとともに東南アジアサミット開催を推進した。

（4）国際関係処理における実務性と柔軟性

中国の国際戦略は、以前は原則性が強くイデオロギー色が濃いと世界に知られていたが、実際には柔軟性もかなりあった。毛沢東時代では冷戦と二極構造の下、中国は米国と国交樹立に成功し、ソ連による封じ込め戦略を打破して、中国の国際環境を大いに改善した。鄧小平時代では、「一国二制度」を提唱して中英交渉を首尾良く進め、香港返還をスムーズに実現した。「過去を終えて、未来を切り開く」方針の下、中国はソ連との正常な国家関係を回復して、国境の緊張した情勢を緩和し、軍備への圧力を軽減させることで、安心して経済建設を進めることができた(10)。新たな歴史的時期にあって、中国の国際戦略における変化の一つは、実務性と柔軟性が際立つようになってきていることだ。中国は原則と戦略に関わる事項を処理する上で、原則を保持する一貫性と戦略の柔軟性を互いに結合させているのである。中国の国際戦略で堅持されている二つの根本的な原則とは、自国の人民の利益と世界の人民の利益を断固として守ることである。中国の国際戦略における指導原則と基本的構想はこの二つの原則と全く一致したものだ。

いわゆる実務性とは、イデオロギーではなく、中国の国益をより強調することである。中国はイデオロギーに基づいて進められる対外援助、国家間関係を損なう非政府機関の交流、その他国益に不利な活動は停止している。具体的な外交政策を定め、外交を展開するにあたっては、すべて国益保護を目的としており、自国の経済や安全保障などにおける適切な利益をより重視している。イデオロギーと社会制度において中国と異なる国々については、友好的な交流を願っているのであれば、そうした国々との関係を積極的に発展させ、協力を強化していく。それらが中国と同じまたは似た国々についても、平和共存五原則に立って、関係を発展させていかねばならない。対外援助はいうまでもなく、さまざまな国際紛争解決への関わりにおいても、利害損得を分析し、国益に資するか否かを基準に、自らの可能な範囲で、できることとできないことをはっきりと見極めなければならない。可能である場合にはすべて関わり、そうでない場合には慎重を期して対応する。これも中国の国際戦略における実務的な態度といえる。中国は国際的に重要な影響力ある地域の大国として、アジア地域関係、例えば、対中央アジア協力、対東南アジア協力、北東アジア安全保障問題には積極的に関わり、問題によっては中心的な役割を担うべきであろう。私たちの能力や影響力の範囲を超えるような国際問題、例えば、ラテンアメリカや中東の問題について中国は通常、直接的には関与しないが、そうした問題の理非曲直について自らの観点は表明していく。近年、中国は外交においては人間本位を堅持し、香港、マカオ、台湾同胞と海外僑胞を含む自国民の合法的権益保護に配慮しており、各界から称賛を得ている。

いわゆる柔軟性とは、しっかりと「求同存異」の精神で、相互に信頼、理解、譲歩しあうなかで国際紛争を解決し、国家間のさまざまな問題を処理することである。中国は米国の単独行動主義と強権政治に賛成はしないものの、二国間貿易、対テロ、地域安全保障などの問題で米国と幅広く対話し、困難な交渉をも進めていく。中米両国の国家元首による相互訪問は正常に行われており、中米のハイレベル戦略対話は一度も中断していない。中米両国の国家元首には直接対話のためのホットラインも構築されており、常に共通の関心を寄せる二国間および国際的問題、特に国益および国際安全保障に関わる重大な問題については常に意見を交換している。２００６年８月、胡錦涛主席とブッシュ大統領は両国の経済協力と発展について、ホットラインで対話を行っている。こうした直接的なやりとりによって、米軍の在ユーゴスラビア大使館爆撃事件や「海南島事件」による緊迫した状況を打破して、中米間の貿易経済協力を紆余曲折のなかで発展させ続けている。中国とEU間においては人権と政治的民主化などの問題で相違が存在しているが、これは双方の経済貿易協力と友好交流に影響していない。双方は互いにとって最も重要な貿易相手国である。また、双方は多くの重大な国際政治問題において、「求同存異」の原則に基づき、協力を強化している。中国とロシア、カザフスタン、モンゴル、インドとの国境紛争はかつて長期にわたって中国および関係諸国を悩ませてきた。国際環境の変化につれ、中国と隣国が互いに信頼し、理解し、譲り合う態度をとるようになり、双方は必要に応じて妥協を選択したこともあって、これらの問題に解決の途が開かれた。

(5) 戦略的重点のさらなる明確化

戦略的重点は重大な国益と繋がっており、極めて重要な利益を戦略上の目的に転換することは、戦略上の重心を確定することに相当する。国益とは多岐にわたる目標で複数のレベルにわたるものであって、客観的条件の変化により常に変化するため、重大な利益になり得るかは相対的に変化するものである。

戦略的重点の確定には、利益の全容およびその重点に対する明確な判断と正確な把握を要し、目標とする利益を全面的に、詳細に、また多角的に観察し、利益に求められる緊急性と将来性のレベルを明確にすることも要する。その上で、戦略的重点に焦点を当て、根本的な国際戦略思想の下で国家の根本的な利益を確保し、多層的な利益の全体的なバランスを調整しなければならない(11)。もちろん、これは一般論にすぎない。実際には、中国の国際戦略は異なる時期においては異なる戦略的重点を具えていた。改革開放前では中国の国際戦略的重点の確定は、政治およびイデオロギーからの影響が比較的大きく、完全に国益に基づくものではなかったため、戦略的重点を確立する上で、どうしても偏差が生じ、負の結果も招いてしまった。改革開放以降、党と国家の政策の重点が経済建設へ移るに伴い、国際戦略の重点も変化した。中国は改革開放せねばならず、開放の重点となる対象は先進国であり、先進国との関係を改善および発展させて戦略的重心にまで引き上げなければならなかった。また、経済建設には平和で安定した国際および周辺環境が必要であるため、関係する大国および近隣諸国との関係をきちんと処理せねばならない。したがって、ロシア、米国、日本、ＥＵとの関係改善を含む大国間関係、そしてインド、韓国、ＡＳＥＡＮとの関係の調整も中国の国際戦略の重点となった。

21世紀以降、中国の国際戦略的重点の配置に大きな変化はなく、若干の調整が行われたにすぎない。以前と比較して戦略的重点はより明確になり、戦略的配置の段階に入ったとの感覚が強い。中国の最も重要な戦略的重点は、近隣諸国との関係を改善して発展させ、平和で安定した周辺関係を、地域協力を大きく推進することである。これは中国自身の発展とその国際的地位によって定まったことなのである。

【後注】

第一章

（1）秦亚青《和谐世界：中国外交新理念》、《前线》２００６年（12）

（2）同右

（3）江凌飞：《中国和平崛起的历史机遇》、《教学与研究》２００４年（4）

（4）时殷弘：《中国和平崛起的若干根本条件和重要〝平台〟》、《教学与研究》２００４年（4）

（5）胡锦涛：《高举中国特色社会主义伟大旗帜 为夺取全面建设小康社会新胜利而奋斗》46頁 北京 人民出版社 ２００７年

（6）时殷弘：《中国崛起的条件：从对外关系角度的讨论》、《世界经济与政治论坛》２００６年（1）

（7）胡锦涛：《高举中国特色社会主义伟大旗帜 为夺取全面建设小康社会新胜利而奋斗》46頁

（8）金灿荣：《影响中国国际环境的两类新因素评估》、《现代国际关系》２００２年（11）

（9）《和谐世界理念提出是对冷战后不和谐国际环境的反思》 http://news.xinhuanet.com/newmedia/2007-12/11/content_7230700_1.htm

（10）胡锦涛：《在纪念党的十一届三中全会召开30周年大会上的讲话》、《人民日报（海外版）》２００８年12月19日

（11）中华人民共和国国务院新闻办公室：《中国应对气候变化的政策与行动》白皮书 http://news.xinhuanet.com/newscenter/2008-10/28/content_10271693_5.htm

（12）中华人民共和国国务院：《国家中长期科学和技术发展规划纲要（２００６～２０２０年）》 http://news.xinhuanet.com/politics/2006-02/09/content_4156347.htm

（13）裴敏欣：《〝软实力〟也是强国之本》、《环球时报》２００４年4月16日

（14）《加强孔子学院基础能力建设力促可持续发展》大众网 ２０１１年1月11日

（15）《中国提升软实力：北京共识取代华盛顿共识》 http://www.cctv.com/news/china/20040613/100421.shtml

(16)《毛泽东文集》 114頁 第7巻 北京 人民出版社 1996年

(17)《邓小平文选》 1版 第3巻 4頁 北京 人民出版社 1993年

(18)同右书 3頁

(19)《江泽民文选》 第2巻 15頁 北京 人民出版社 2006年、《江泽民文选》 第3巻 574頁 北京 人民出版社 2006年

(20)温家宝：《把目光投向中国——在哈佛大学的演讲》 http://www.people.com.cn/GB/shehui/1061/2241298.html

(21)中共中央文献研究室编：《十六大以来重要文献选编》（上） 647頁 北京 中央文献出版社 2005年

(22)温家宝：《中国的崛起不存在任何威胁》 http://www.people.com.cn/GB/shizheng/1024/2389785.html

(23)《第十次驻外使节会议在京举行》、《人民日报（海外版）》 2004年8月30日

(24)中共中央文献研究室编：《十六大以来重要文献选编》（中） 792頁 北京 中央文献出版社 2006年

(25)《中央外事工作会议在京举行》《人民日报》 2006年8月24日

(26)胡锦涛：《高举中国特色社会主义伟大旗帜为夺取全面建设小康社会新胜利而奋斗》 47頁

(27)中共中央文献研究室编：《十六大以来重要文献选编》（中） 851頁

(28)《中俄关于21世纪国际秩序的联合声明（全文）》 http://news.xinhuanet.com/wold/2005-07/01/content_3164594.htm

(29)中华人民共和国国务院新闻办公室：《中国的和平发展道路》、《人民日报》 2005年12月23日

(30)同右

(31)阎学通等：《中国崛起——国际环境评估》 139頁 天津 天津人民出版社 1998年

(32)胡锦涛：《高举中国特色社会主义伟大旗帜 为夺取全面建设小康社会新胜利而奋斗》 47～48頁

(33)中华人民共和国国务院新闻办公室：《中国的和平发展道路》《人民日报》 2005年12月23日

(34)同右

(35)中共中央文献研究室编：《十六大以来重要文献选编》（中） 997頁

(36) 时殷弘：《成就与挑战：中国和平发展、和谐世界理念与对外政策形势》、《当代世界与社会主义》２００８年（２）
(37) 秦亚青：《和谐世界：中国外交新理念》、《前线》２００６年（12）
(38) 秦亚青：《和谐世界：中国外交新理念》、《前线》２００６年（12）
(39)《江泽民文选》第3巻　１１０頁　北京　人民出版社　２００６年
(40) 同右　１１０頁
(41) 秦亚青：《和谐世界：中国外交新理念》、《前线》２００６年（12）
(42) 徐坚：《〝构建和谐世界〟的理论与实践》、《国际问题研究》２００６年（４）
(43) 王公龙：《和谐世界：国际秩序的新构想和新范式》　见上海市社会科学界联合会编：《和谐世界：和平发展与文明多样性》3~4頁　上海　上海人民出版社　２００７年
(44) 同右　6頁
(45) 同右　1頁
(46) 时殷弘：《成就与挑战：中国和平发展、和谐世界理念与对外政策形势》、《当代世界与社会主义》２００８年（２）
(47) 邵峰：《和谐世界视角下的中国和平发展》、《国际瞭望》２００８年（１）
(48) 俞新天：《和谐世界与中国的和平发展道路》　见上海市社会科学界联合会编：《和谐世界：和平发展与文明多样性》23頁
(49) 袁鹏：《〝和谐世界〟与中国〝新外交〟》、《现代国际关系》２００７年（４）
(50) 时殷弘：《成就与挑战：中国和平发展、和谐世界理念与对外政策形势》、《当代世界与社会主义》２００８年（２）
(51) 同右
(52) 时殷弘：《中国崛起的条件：从对外关系角度的讨论》、《世界经济与政治论坛》２００６年（１）
(53) 朱达成：《倡导推动建设和谐世界——中国外交思想的发展创新》、《当代世界》２００７年（５）
(54)《〝礼之用和为贵〟儒家的〝和〟文化》　http://art.people.com.cn/GB/14759/21867/7732192.html
(55)《中国人民政治协商会议共同纲领》第一条、第五十四条　http://cz.nankai.edu.cn/History/wxzl/31070034.pdf

(56) 中华人民共和国外交部、中共中央文献研究室编：《毛泽东外交文选》 600〜601頁 北京 中央文献出版社、世界知识出版社 1994年
(57) 《邓小平文选》 2版 第2卷 112頁 北京 人民出版社 1994年
(58) 《邓小平文选》 1版 第3卷 96頁
(59) 同右 105頁
(60) 同右 321頁
(61) 同右 162頁
(62) 江泽民：《推动裁军进程 维护国际安全》、《人民日报》 1999年3月27日
(63) 《江泽民文选》 第3卷 110頁
(64) 胡锦涛：《在美国耶鲁大学的演讲》、《人民日报》 2006年4月23日
(65) 温家宝：《坚持走和平发展道路 促进世界和平与繁荣——在澳大利亚总理霍华德举行的欢迎宴会上的演讲》、《人民日报》 2006年4月4日
(66) 胡锦涛：《高举中国特色社会主义伟大旗帜 为夺取全面建设小康社会新胜利而奋斗》 48頁
(67) 同右 46頁
(68) 胡锦涛：《坚持改革开放 推进合作共赢——在博鳌亚洲论坛2008年年会开幕式上的演讲》、《人民日报》 2008年4年13日
(69) 胡锦涛：《高举中国特色社会主义伟大旗帜 为夺取全面建设小康社会新胜利而奋斗》 48頁
(70) 《江泽民文选》 第3卷 566頁
(71) 同右 566頁
(72) 中华人民共和国国务院新闻办公室：《中国的和平发展道路》、《人民日报》 2005年12月23日
(73) 同右
(74) 胡锦涛：《高举中国特色社会主义伟大旗帜 为夺取全面建设小康社会新胜利而奋斗》 48頁

（75）中华人民共和国国务院新闻办公室：《中国的和平发展道路》、《人民日报》 2005年12月23日

第二章

（1）秦亚青：《国家身份、战略文化和安全利益——关于中国与国际社会关系的三个假设》、《世界经济与政治》 2003年（1）

（2）刘金质、梁守德、杨淮生主编：《国际政治大辞典》 30頁 北京 中国社会科学出版社 1994年

（3）《邓小平在联大第六届特别会议上的发言》 http://www.people.com.cn/GB/shizheng/252/6688/6715/20011023/58430.html

（4）章百家：《改变自己 影响世界》、《中国社会科学》 2002年（1）

（5）《邓小平文选》 1版 第3卷 282頁

（6）[美] 罗伯特·基欧汉：《霸权之后——世界政治经济中的合作与纷争》 11頁 上海 上海人民出版社 2001年

（7）陆齐华：《俄罗斯和欧洲安全》 399頁 北京 中央编译出版社 2001年

（8）中共中央文献研究室编：《十六大以来重要文献选编》（中） 997頁

（9）[英] 巴瑞·布赞：《中国崛起过程中的中日关系与中美关系》、《世界经济与政治》 2006年（7）

（10）胡锦涛：《高举中国特色社会主义伟大旗帜 为夺取全面建设小康社会新胜利而奋斗》 49頁

（11）[美] 塞缪尔 亨廷顿：《文明的冲突与世界秩序的重建》 2頁 北京 新华出版社 1998年

（12）俞新天：《和谐世界与中国的和平发展道路》、《国际问题研究》 2007年（1）

（13）徐坚等：《建设“和谐世界”的理论思考》、《国际问题研究》 2007年（1）

（14）《中央外事工作会议在京举行》、《人民日报》 2006年8月24日

（15）[日] 星野昭吉编著：《变动中的世界政治——当代国际关系理论沉思录》 430頁

第三章

（1）郑必坚：《论中国和平崛起发展新道路》 22頁 北京 中共中央党校出版社 2005年

（2）《邓小平文选》 1版 第3卷 78頁
（3）钟山：《理性看待我国外贸依存度问题》、《中国经贸》 2010年（3）
（4）Robert Gilpin The Political Economy of International Relations Princeton: Princeton University Press 1987 P.31.
（5）《邓小平文选》 1版 第3卷 3頁
（6）郑必坚：《论中国和平崛起发展新道路》 49頁
（7）《2020年的中国：新世纪的发展挑战》 83頁 北京 中国财政经济出版社 1997年
（8）[美] 威廉·奥尔森：《国际关系理论与实践》 425頁 北京 中国社会科学出版社 1989年
（9）世界和相关国家石油消费数量参见BP《世界能源统计2010》 12頁、世界和相关国家人口数量参见联合国人口司网站公布的数据 http://esa.un.org/unpd/wpp/unpp/panel_population.htm
（10）中美两国的石油进口数量参见BP《世界能源统计2010》 21頁
（11）陈继辉、任建民、姚雨杉：《外国媒体热炒中国水威胁 称我国用水牵制亚洲》 http://news.sina.com.cn/c/2006-09-21/000110067730s.shtml
（12）白桦：《俄学者：中国用水多 下游哈俄缺水》 http://voanews.com/chinese/w2007-09-20-voa52.cfm
（13）段聪聪：《印度传中国将在雅鲁藏布江兴建水坝 担心水源被切断》、《环球时报》 2006年10月26日
（14）FAO Fisheries Department Review of the State of World Marine Fishery Resources FAO Fisheries Technical Papers-T457 Rome 2005 pp.2-3.
（15）FAO Fisheries Department Fishery and Aquaculture country profile-China retrieved 2011-05-27 http://www.fao.org/fi/website/FIRetrieveAction.do?xml=FI-CP_CN.xml&dom=countrysector&xp_nav=3.
（16）《无偿资金援助：关于"酸雨与沙尘暴监测网络建设项目"》 http://www.cn.emb-japan.go.jp/oda/oda061220.htm
（17）李宏伟：《美国称中国空气污染影响美国 精确测出25%比例》 http://env.people.com.cn/GB/1073/4658248.html
（18）赵湘华：《活跃在中国的日本人：菊地丰先生在中国科尔沁沙漠治沙造林纪实》 http://duan.exblog.jp/960055/

(19)［日］百崎贤之、染野宪治：《日本与中国在沙尘暴防治及森林、林业领域进行的合作》 http://www.cn.emb-japan.go.jp/cul_edu/kouza060424.htm
(20)步雪琳：《周生贤在第八次中日韩环境部长会上指出　增强三国环境合作活力　共促区域可持续发展》 http://www.zhb.gov.cn/hjyw/200612/t20061205_96992.htm
(21)《中日韩三国将共同致力于黄海生态区的保护工作》 http://www.soa.gov.cn/hyjww/gjhz/2007/09/11/1189411914810490.htm
(22)《多边环境领域中与联合国环境署开展合作》 http://www.zhb.gov.cn/inte/dbhz/200404/t20040409_89319.htm
(23)《联合国环境规划署亚太地区次区域环境政策对话会》 http://www.zhb.gov.cn/inte/dbhz/200710/t20071027_112233.htm
(24)《中日韩三国环境部长会议》 http://sjc.zhb.gov.cn/inte/qyhz/200404/t20040409_89298.htm、《温家宝总理在第11次中国与东盟领导人会议上的讲话》 http://news.xinhuanet.com/newscenter/2007-11/20/content_7116831.htm
(25)陈湘静：《李干杰出席中亚区域环境政策对话会开幕式指出　协力互助　共创中亚区域环保合作新局面》 http://www.cenews.com.cn/historynews/06_07/200712/t20071229_41453.htm
(26)《解振华局长在中非环保合作会议上的讲话》 http://sjc.zhb.gov.cn/inte/qyhz/200502/t20050221_64852.htm、《曾培炎副总理在中非环保合作会议上的致辞》 http://sjc.zhb.gov.cn/inte/qyhz/200502/t20050221_64851.htm
(27)国家统计局编：《中国统计年鉴２００９》 http://www.stats.gov.cn/tjsj/ndsj/2009/indexch.htm
(28)曾培炎：《加强环境保护　实现可持续发展——在联合国环境规划署理事会第23届会议上的演讲》 http://www.zhb.gov.cn/inte/dbhz/200710/t20071027_112232.htm
(29)《中国２０２０减排目标公布》《青年时报》２００９年11月27日
(30)《２００８年环境统计年报——环境管理制度执行情况》 http://zls.mep.gov.cn/hjtj/nb/2008tjnb/201004/t20100420_188445.htm
(31)《全国环境统计公报２００８年》 http://zls.mep.gov.cn/hjtj/qghjtjgb/200909/t20090928_161740.htm
(32)中国环境与发展国际合作委员会编：《中国环境与发展回顾与展望课题组报告》 http://www.cciced.org/2008-02/26/content_10729090.htm

（33）根据国家统计局编《中国统计年鉴２００９》第六章第二节："能源消费总量及构成"数据计算

第四章

（1）陈文鑫：《承上启下的战略对话》、《瞭望新闻周刊》 ２００６年（46）
（2）Robert B. Zoellick "Whither China:From Membership to Responsibility ?" http://www.state.gov/s/d/former/zoellick/rem/53682.htm.
（3）常喆、江雪晴：《中俄战略对话啥都谈》、《环球时报》 ２００５年10月21日
（4）刘文斌、田笛：《中俄战略协作不断深化》、《解放军报》 ２００５年11月7日
（5）喻常森：《"第二轨道"外交与亚太地区安全合作》、《东南亚研究》 ２００３年（5）
（6）http://www.rand.org.
（7）陈之罡：《中美高层智库在华盛顿会谈界定共同经营者提法》、《第一财经日报》 ２００５年12月9日
（8）苏长和：《周边制度与周边主义》、《世界经济与政治》 ２００６年（1）
（9）中国 东盟自由贸易区已经于２０１０年1月1日正式启动
（10）姜毅：《中俄边界问题的由来及其解决的重大意义》、《欧洲研究》 ２００６年（2）
（11）侯鹤祥、林非：《中越边界谈判的前前后后》、《国际先驱导报》 ２００４年1月16日
（12）http://www.fmprc.gov.cn/ce/cevn/chn/zygx/t177232.htm
（13）凌德全：《变争议之海为合作之海》、《人民日报》 ２００５年3月16日
（14）贾宇：《中日东海共同开发的问题与前瞻》、《世界政治与经济论坛》 ２００７年（4）
（15）"Participation in UN Peacekeeping Operations" China's National Defense in 2000 http://www.china.org.cn/e-white/2000/20-6.htm#c. "Appendix V:Participation in UN Peacekeeping Operations" China's National Defense in 2006 http://www.china.org.cn/english/China/194350.htm.

(16) 姜兴华、邓忠开：《中国首批赴黎巴嫩维和工兵营第一梯队官兵凯旋》、《解放军报》　２００7年1月25日

(17) 高建林、赵祥有、聂中涛：《中国雷锋到〝西非〟》《解放军报》　２００5年2月28日

(18) 《商务部介绍２００５年对外人道主义援助情况》　http://www.xinhuanet.com/zhibo/20060118/zhibo.htm　２００6年1月18日

(19) 黄泽全：《中非关系走进新时代》　http://www.invest.net.cn/News/ShowInforw.aspx？ID=18163　２００7年8月28日

(20) 杨丽琼：《新中国对外援助究竟有多少——我国外交档案揭秘透露１９６０年底以前的实情》《新民晚报》　２００6年7月29日

(21) 黄朔风：《综合国力新论》　12頁　北京　中国社会科学出版社　１９９9年

第五章

(1) 《促进中东和平建设和谐世界——胡锦涛总书记在沙特阿拉伯王国协商会议的演讲》《人民日报》　２００6年4月23日

(2) 胡锦涛：《高举中国特色社会主义伟大旗帜 为夺取全面建设小康社会新胜利而奋斗》　46頁

(3) 同右　47頁

(4) 《江泽民文选》　第3卷　５６7頁

(5) 《温家宝在亚欧首脑会议上阐述立场》　《人民日报》　２００6年9月12日

(6) 《江泽民文选》　第3卷　５６6頁

(7) 《邓小平外交思想学习纲要》　12頁　北京　世界知识出版社　２０００年

(8) 《江泽民文选》　第2卷　41頁

(9) 《江泽民文选》　第3卷　５６7頁

(10) 《邓小平文选》　1版　第3卷　２９1頁

(11) 李景治、罗天虹等：《国际战略学》　１０5頁　北京　中国人民大学出版社　２００7年

☆ 著者紹介

李景治（り けいち）

北京に生まれる。中国人民大学国際関係学院教授。中国人民大学国際関係学院院長、同大学学術委員会委員など歴任。主な研究分野は現代の世界経済、政治。著書に《当代世界経済与政治》《国際戦略学》《反恐戦争与世界格局的発展変化》《科技革命与大国興衰》《当代資本主義国家的政党制度》《当代資本主義的演変与矛盾》《中国和平発展与構建和諧世界研究》などがある。

☆ 監訳者紹介

日中翻訳学院（にっちゅうほんやくがくいん）

日本僑報社が「よりハイレベルな中国語人材の育成」を目的に、2008 年 9 月に創設した出版翻訳プロ養成スクール。

☆ 訳者紹介

林 永健（はやし えいけん）

1972 年島根県出雲市生まれ。英国ケンブリッジ大学博士課程中退。東京大学をはじめ国内外の大学で研究に携わる。2007 年から中国通信社で編集部記者を務めるかたわら、日中関係研究所および中国研究所に参加。2009 年から元衆議院議員の岩國哲人事務所で勤務。2008 年より日中翻訳学院受講。

20th The Duan Press
おかげさまで20周年
since1996

中国による平和—新たなるパックス・シニカへ向けて—

2015年12月23日　初版第1刷発行

著　者　李 景治（り けいち）

監訳者　日中翻訳学院

訳　者　林 永健（はやし えいけん）

出版協力　森永 洋花（もりなが ようか）

発行者　段 景子

発行所　株式会社 日本僑報社

〒171-0021 東京都豊島区西池袋3-17-15

TEL03-5956-2808　FAX03-5956-2809

info@duan.jp

http://jp.duan.jp

中国研究書店 http://duan.jp

2015 Printed in Japan. ISBN 978-4-86185-212-1　C 0036

日本僑報社のベストセラー書籍

日本語と中国語の落し穴

同じ漢字で意味が違う - 用例で身につく日中同字異義語 100

久佐賀義光 著　王達 監修

" 同字異義語 " を楽しく解説した人気コラムが書籍化！中国語学習者だけでなく一般の方にも。漢字への理解が深まり話題も豊富に。

四六判 252 頁 並製　定価 1900 円 + 税
2015 年刊　ISBN 978-4-86185-177-3

春草

～道なき道を歩み続ける中国女性の半生記～

裘山山 著　于暁飛 監修
徳田好美・隅田和行 訳

中国の女性作家・裘山山氏のベストセラー小説で、中国でテレビドラマ化され大反響を呼んだ『春草』の日本語版。

四六判 448 頁 並製　定価 2300 円＋税
2015 年刊　ISBN 978-4-86185-181-0

日中中日 翻訳必携　実戦編

より良い訳文のテクニック

武吉次朗 著

2007 年刊行の『日中・中日翻訳必携』の姉妹編。好評の日中翻訳学院「武吉塾」の授業内容が一冊に！実戦的な翻訳のエッセンスを課題と訳例・講評で学ぶ

四六判 192 頁 並製　定価 1800 円＋税
2014 年刊　ISBN 978-4-86185-160-5

病院で困らないための日中英対訳 医学実用辞典

指さし会話集＆医学用語辞典

松本洋子 編著

16年続いたロングセラーの最新版。病院の全てのシーンで使える会話集。病名・病状・身体の用語集と詳細図を掲載。海外留学・出張時に安心。医療従事者必携！

A5 判 312 頁 並製　定価 2500 円＋税
2014 年刊　ISBN 978-4-86185-153-7

日本語と中国語の妖しい関係

中国語を変えた日本の英知

松浦喬二 著

この本は、雑誌『AERA』や埼玉県知事のブログにも取り上げられた話題作。日中の共通財産である「漢字」を軸に、日本語と中国語の特性や共通点・異なる点を分かりやすく記している。

四六判 220 頁 並製　定価 1800 円＋税
2013 年刊　ISBN 978-4-86185-149-0

中国人がいつも大声で喋るのはなんでなのか？

中国若者たちの生の声、第 8 弾！

段 躍中 編　石川好氏推薦

大声で主張するのは自信と誠実さを示す美徳だと評価され学校教育で奨励。また、発音が複雑な中国語は大声で明瞭に喋ることは不可欠。など日本人が抱きがちな悪印象が視点をずらすだけでずいぶん変化する。（読売新聞書評より）

A5 判 240 頁 並製　定価 2000 円＋税
2012 年刊　ISBN 978-4-86185-140-7

新中国に貢献した日本人たち

友情で綴る戦後史の一コマ

中国中日関係史学会 編
武吉次朗 訳

埋もれていた史実が初めて発掘された。日中両国の無名の人々が苦しみと喜びを共にする中で、友情を育み信頼関係を築き上げた無数の事績こそ、まさに友好の原点といえよう。元副総理・後藤田正晴

A5 判 454 頁 並製　定価 2800 円＋税
2003 年刊　ISBN 978-4-93149-057-4

中国人の心を動かした「日本力」

日本人も知らない感動エピソード

段 躍中 編　石川好氏推薦

「第 9 回中国人の日本語作文コンクール受賞作品集」。朝日新聞ほか書評欄・NHK でも紹介の好評シリーズ第 9 弾！反日報道が伝えない若者の「生の声」。

A5 判 240 頁 並製　定価 2000 円＋税
2013 年刊　ISBN 978-4-86185-163-6

中国の " 穴場 " めぐり

ガイドブックに載っていない観光地

※ブックライブ http://booklive.jpから電子書籍をご注文いただけます。

日本日中関係学会 編著
関口知宏氏推薦

本書の特徴は、単に景色がすばらしいとか、観光的な価値があるとかいうだけでなく、紹介を通じていまの中国の文化、社会、経済の背景をも浮き彫りにしようと心掛けたことでしょうか。（宮本雄二）

A5 判 160 頁（フルカラー）並製　定価 1500 円 + 税
2014 年刊　ISBN 978-4-86185-167-4

新疆物語

～絵本でめぐるシルクロード～

王麒誠 著
本田朋子（日中翻訳学院）訳

異国情緒あふれるシルクロードの世界
日本ではあまり知られていない新疆の魅力がぎっしり詰まった中国のベストセラーを全ページカラー印刷で初翻訳。

A5 判 182 頁 並製　定価 980 円＋税
2015 年刊　ISBN 978-4-86185-179-7

※ご注文先は、奥付に記載されています。